U0829054

高校教育教学管理实践与创新发展

孙 宇　叶 红　张 涛　著

中国建材工业出版社
北 京

图书在版编目(CIP)数据

高校教育教学管理实践与创新发展/ 孙宇，叶红，张涛著. --北京：中国建材工业出版社，2023.11
ISBN 978-7-5160-3916-8

Ⅰ. ①高... Ⅱ. ①孙... ②叶... ③张... Ⅲ. ①高等学校 -教学管理 -研究 Ⅳ. ①G647.3

中国国家版本馆 CIP 数据核字(2023)第 222322 号

高校教育教学管理实践与创新发展
Gaoxiao Jiaoyu Jiaoxue Guanli Shijian yu Chuangxin Fazhan
孙 宇　叶 红　张 涛 **著**

出版发行：中国建材工业出版社
地　　址：北京市海淀区三里河路 1 号
邮　　编：100044
经　　销：全国各地新华书店
印　　刷：北京传奇佳彩数码印刷有限公司
开　　本：787mm×1092mm　1/16
印　　张：10
字　　数：132 千字
版　　次：2024 年 5 月第 1 版
印　　次：2024 年 5 月第 1 次
定　　价：59.80 元

本社网址：www.jccbs.com，微信公众号：zgjcgycbs

前言

进入21世纪以来，随着改革开放的日益深入和我国经济社会的不断发展，我国高校教育的宏观背景和微观环境已发生了重大变化，培养具有创新精神和实践能力的人才成为社会对高校教育教学的必然要求。高校教育教学管理始终是我国高等教育的主要组成部分。随着计划经济体制向市场经济体制的纵深发展，我国高等教育由精英教育阶段迈向大众化教育阶段，教育观念、教育价值、社会对人才的需求等诸多方面的变化都对高校教育教学提出了新的要求，促使高校教育教学和考试管理在观念、内容、方法等各个方面不断发展和改革，以适应知识和信息时代的社会变化及现代教育理念的新需要。

要建设新时代中国特色社会主义强国，高校教育教学的战略地位将更加突出，中国高校教育教学改革将会是一项重大的、持续的、影响深远的改革。我们既要借鉴过去的、国外的教育经验，又要不断创新变革，走出新路子，这就是实践。

本书首先从高校教育教学相关理论入手，详细阐释了高校教育教学的理论基础；接着从高校教育管理、高校大学生管理等方面，系统论述了高校教育教学管理实践；然后从创新理念出发，针对高校教育教学创新实践进行了研究探析；最后对高校教育教学改革下的发展进行了进一步分析。

深化高校教育管理学研究，就是在教育改革的实践中努力探索、分析和研究遇到的新情况、新问题，积极寻求新思想和新方法，从而推进我国高校教育的健康有序发展。希望此书能为21世纪的中国高校教育教学管理做出微薄的贡献，并对从事教育管理创新创业专业的研究学者与教育管理工作者提供参考。

在编写本书的过程中，笔者查阅和借鉴了大量的相关资料，在此向其作者表示诚挚的感谢。此外，本书在编写的过程中，也得到了相关专家和同行的支持与帮助，在此一并致谢。由于作者水平有限，加之时间仓促，书中难免出现纰漏，敬请广大读者批评指正。

目 录

第一章 高校教育教学理论

高校教育教学是高校教育实现教育目的、培养专门人才、体现社会价值的各种具体活动的表现方式之一，是高校教育教学最主要的组织活动。高校教育教学的其他活动都是围绕教学而展开、为教学服务的。任何教育教学活动都是一个历史性的过程，是一个目标差异大、参与要素多、各种影响复杂的教育实践体系。这个教育实践体系的各个构成要素经过多种形式组合、为实现各个目标而发挥作用，不同要素组合在不同环境下运行又使高校教育教学形式丰富多彩。

第一节 高校教育教学的本质及其特征

一、高校教育教学的作用与功能

高校教育教学的作用与功能就是教学活动的基本目标与任务，它主要源于三个方面：教师的需求目标、学生的需求目标、社会的需求目标。以前，受高校教育教学活动的社会本位思想影响，一些国家特别是实施集权式管理的国家，其高校教育教学活动的作用与功能被“国家化”甚至“政党化”，教师就是国家对学生实施教育驯化的工具，而学生则是被教育驯化的对象。但在高校教育逐步发展、受教育人群日益扩大的形势下，社会本位的教学功能不断弱化，“以人为本”的教育思想越来越占据重要地位。所以，教学活动的目标必须同时考虑教学活动主体，即教师和学生的个人需求，教师通过教学传播知识，促进自我的进一步探究，同时引导学生获得专业技能的训练，从而获得满足与成就感。学生通过对社会愿望、个人兴趣以及基本能力的综合考虑，主动接受高校教育、参与教学活动，以达到身心和智力的全面发展。社会对教学活动的需求可能是具体而分层次的，教师和学生对教学活动的需求可能是抽象而含糊的。对这种矛盾冲突的认识和化解有利于教学方法的创新。

二、高校教育教学的主体与环境

高校教育教学的主体与环境是教学活动赖以开展的基本条件。教学主体就是有目的、有意识地进行教学实践活动和认识活动，并在教学活动中确立和体现主体地位的现实的人。这里的人包括三层含义：现实的人、动态发展的人、个体与群体相统一的人。因此，学生也是教学活动的主体之一。教学环境是相对于教学主体而言的，它包括教学活动中除主体之外的一切物质的、时空的、媒介的关系等方面，尽管环境在教学活动中处于从属地位，但对其实现教学目标有极其重要的影响。

三、高校教育教学的形式与内容

高校教育教学的形式与内容往往表现得最为具体、生动，既反映内容与形式的对应关系，也反映形式与环境的协调关系，还反映教学活动直接主体（教师与学生）与间接主体（教学管理者）协商一致的管理特征。单从教学活动形式来看，就是内容、环境、主体的统一，如课堂教学、课外练习、社会实践就是三者关系的不同组合结果。如果从教学活动主体的作为来看，则有讲授活动、听课活动、师生研讨活动等，每一种活动的主体地位表现是不同的。高校教育教学内容与教学目标是紧密相连的，尽管目前我国高校教育教学的计划性正在减弱，但总体上依然比较强，也就是说从国家或社会本位出发对专门人才的知识、技能体系有一个制度设计和进程安排，教学内容按照这些制度和进程逐步展开。现在，我国开始注意发挥教师和学生的主动性，对教学内容的选择权有所放开，但与教师自主裁量教学内容和学生在完全学分制下自由选择教学内容还有相当距离，至少学生的职业规划与学校的学业指导工作短时间内难以跟上。

四、高校教育教学的特点与过程

高校教育教学的特点与过程是联系在一起的，教育与教学是一个循序渐进的过程。世界上没有任何一种瞬时性的教学活动，过程性本身就是教学活动的普遍特点，因此很多学者用“教学过程”代替“教学活动”，专注于研究高校教学过程而不刻意研究高校教育教学活动也是可以理解的，只是过程性特点不为高校教育教学所特有。所以，将两者混淆是不合理的，无论是对高校教育教学活动的瞬时考察还是从教学效果的分析，高校教育教学活动的特点都是十分明显的，具体有如下一些特点。

（一）专业性教学与综合性认知相结合

高校教育与基础教育的最大不同就在于知识的专业系统性，属于建立在基础教育之上的专业教育：教学目标和内容按照不同学科专业领域的知识体系进行设计，教学组织形式也分专业进行。同时，高校教育教学活动的综合性认知也十分明显：在专业性教学内容与教学情景中，学生的知识、能力、素质得到全面培育，即使是一门十分专业的课程，在课程设置、活动设计中，也安排有一定分量的基本素质和能力训练的内容和项目，教学活动对学生的影响是综合性的，对学生的培养是多方位的。

（二）隐性教学与显性教学相结合

高校教育教学活动对人才培养的影响作用趋于多样化，传统课堂的直接影响、作业与练习的直观影响等属于显性活动部分，还有许多潜移默化的教学活动，比如学术报告会、参观学习、社会调查、教师对学生得体的表扬或批评等，这些看似不规范的教学活动属于隐性教学活动，它的教育意义和对学生的影响绝不只是现场表现出来的结果，而要比现场深远得多、广泛得多。教育中的所谓“启发”“养成”，其实就是对这种隐性教学活动功能的表述。

（三）教学活动与科研活动相结合

科学研究活动是人类有意识地探究世界的实践活动，我们说高校教育教学活动是一种接近于人类认识世界实践活动的有效组织方式，本意就在于表明高校教育教学活动不是纯粹的知识传授活动，也不纯粹是师生交往与情景感悟活动，而是有目的地引导学生学会认知和探究世界的方法、训练基本的认知能力的活动。如果说本科生教学对这方面的要求只是初步的，那么研究生的教学则是典型的认识已知与探求未知的统一，就是教学活动与科研活动的统一，教师和学生在各自的教学活动任务中都可以实现认识已知与探索未知的结合。

五、高校教育教学的构成要素

高校教育教学是一个以动词为主的、内涵比较宽泛的偏正词组，它可以指由学校为实现人才培养目标所组织的任何行动。由于各校、各学科专业的人才培养目标、质量规格、层次要求不同，高校教育教学活动也表现出较大的差异性。但就每一个具体教学活动单元的结构来说，它们又有许多相似性，即都是由若干基本相同的要素所构成的开放性系统，不同教学情景就由这个系统的要素的不同组合产生。

关于高校教育教学活动构成要素的研究，历来有不同的争论。有从共时性角度的分析，也有从历时性角度的分析；有从关系角度的分析，也有从表象角度的分析；有从深层结构的分析，也有从表层结构的分析。不同的分析角度决定了不同的分析结果，以至于出现从“三要素说”（教师、学生、教材）到“七要素说”（学生、教学目的、教学内容、教学方法、教学环境、教学反馈、教师）的巨大差异。客观地看，这种差异是正常的，特别是更加精细的结构要素划分，只要在逻辑上没有包含或遗漏，精细的分析应该得到提倡。联系高校教育教学活动的几个特点，我们认为一个比较完整的具体教学活动应该由教学主体、教学目的、教学信息、教学媒介、教学组织、教学环境六个要素构成。

（一）关于教学主体

以前往往以机械认识论为理论基础，从施教与被教角度考虑，认为教育参与者包括作为教育者的教师和受教育者的学生两个方面，即教学主体是教师，教学对象是学生。这实际上忽视了高校教育教学的特殊性，因为隐性的教学效果、探究性的教学活动都依赖于学生主体性作用的发挥，所以教师与学生是高校教育教学活动的共同主体。

（二）关于教学目的

这是任何教学活动的基本要素，只是不同目的有层次上的高低差别。即使是高校教育的教学活动，其目的也有层次之分，比如一个专业培养方案中的教学目的，一门课程的教学目的，一节课堂的教学目的等。就教学方法研究需要而言，这里的教育目的主要指教学活动的目的，其中有比较抽象的一般要求，也有比较具体的内容、技能目标。

（三）关于教学信息

以前通常用教材以及教学内容来表示。但实际上，教学内容有一部分应该包含在教学目的之中，作为目标性任务加以明确。同时，教材是教学内容的传统载体，而鉴于现在高校教育可供使用的教学材料日益丰富，来源途径远多于教材，故教材在高校教育教学活动中的地位越来越微不足道。

（四）关于教学媒介

教学媒介就是教学方法及实施方法的手段，由于现代教学技术在飞速发展，传统的方法归纳已经不能准确地反映教学活动的实际，很多现代教学设施、技术被应用到高校教育教学活动中，其究竟属于什么方法，尚未明确界定。因此，我们称其为教学媒介，既包含了传统意义上的教学方法，又包含了现代教学技术，它是传递教学知识、信息，增强教学信息刺激强度，提高教学影响效果的途径。

（五）关于教学组织

没有组织就没有活动，就一个教学活动来讲，教学组织不可缺少。在什么样的时间和空间、由哪些教师和学生参与、参与人员的规模以及教师或者学生在教学时间内的教学秩序维护等，都是教学组织的内容。还有教学评价，但它属于教学过程与质量管理范畴，不属于一个教学活动的内容。

（六）关于教学环境

高校教育教学环境对教学活动的影响越来越大，根据教学活动的需要，不断对教学环境进行必要的调节和控制，有利于教学活动的顺利进行。经过选择、净化、提炼和加工处理的教学环境有利于教学主体实现追求真理、掌握知识、发展身心等目标。

六、高校教育教学模式

(一)"集中式学习"的教学模式

相对来说,集中式学习是一种较为传统的教学模式。集中式学习是以教师为中心,即由教师根据教学计划统一规定课程内容和教学时数,把学生集中到一起,按照学校的课程表进行分科教学的一种组织形式。该教学模式强调教师的主导作用。当教学规模不是很大时,集中式学习这种组织形式相对来说是比较经济、有效的。

在这种组织形式下,教师的主导作用易于发挥,便于教师组织、监控整个教学活动的进程;有利于教学管理,使教学有目的、有计划、有组织地进行;有利于自然学科的学习,自然学科中许多内容需要进行演示、分解和剖析,有些内容需要学生亲自去感触等;有利于学生之间以及师生之间的情感交流,充分体现情感因素在学习过程中的重要作用。尽管集中式学习有上述优点,但它在高校教育教学活动中的弊端又是十分明显的。首先,这种教学模式无法解决学生参加学习时存在的工作与学习的矛盾、家庭与学习的矛盾以及分散居住与集中学习的矛盾;其次,它忽视了成人学生不同于其他学生在学习活动中的自主性和独特性;再次,集中式学习方式过分强调标准化、同步化、模式化,整齐划一是这种学习方式的目标追求,对成人学生知识的扩展会产生不利的影响。针对学生在学习过程中凸显的矛盾和问题,要真正保证教学效果、提高教学质量,就必须对现有的单一教学模式进行改革。

(二)"分布式学习"的教学模式

随着经济形势和信息技术的不断发展,社会总体人力资源的需求形势也发生了巨大变化,对各类高素质、高学历的专业技术人员的需求提高到了一个新的层次,对高校教育提出了更高的要求,并使得传统的教学模式受到了极大的挑战。

新的信息技术在教学活动中的应用,计算机网络的发展能够使教学内容得到有效的远距离传递,学生可以不必像以往那样全体集中到一个地点,由教师面对面地传授知识。电子邮件可以支持学生之间、师生之间的交流与合作，解决学习中的问题，开展各种讨论，教学模式不再单一，因此，“分布式学习”的教学模式便应运而生，并迅速以自上而下的政策推广开来，借助国家高校教育政策手段投入各地办学实践。“分布式学习”是远程教育的建构主义，采用建构主义的学习环境的设计思想，将传统的以教师为中心改变为以学习者为主体，着重于为学习者提供丰富的资源，建立自己的认识和理解。我们将这种新的远程教育形式称为分布式的学习。

目前对“分布式学习”的教学模式的理解有几种观点：“分布式学习”和远程教育是一样的，指的是各种不同于面对面教学的教育；“分布式学习”是指开放和远程教育在传输课程时逐渐向使用新信息技术的转变；“分布式学习”可作为人机交互工作的一个整体。尽管对“分布式学习”有各种不同的描述，但“分布式学习”实际是一种教学模式，它强调的是“分布”，强调为学习者提供灵活的、突破时空限制的教育，可以适应社会经济发展以及对人才培养的需求。“分布式学习”教学模式的出现，使面对面教育和开放远程教育之间的边界逐渐消失而趋于融合；加强了以学习者为中心，更有效地促进学习者的学习，使我们认识到要根据时空分布方式的变化调整学习和教学策略；“分布式学习”强调的是学习环境，学习者分处在不同环境中，有着共同的任务，在“分布式学习”环境中共同合作完成学习任务，学习是不同环境的分布，不一定受限于正式的机构设置。

随着教育的全球化，“分布式学习”环境也要具有国际化思维，适应来自不同文化背景的学习者。可以说“分布式学习”是未来学习方式发展的一个新趋势。也有人认为“分布式学习”模式可以结合传统课堂教学的应用，结合远程教学应用或可用于创建有效的教学课堂。学生可能身处远方参加远程教育，也可能是集中式学习中的一员，但他们在索取资源、汲取知识时所利用的资源不仅仅局限于教师或者某个机构，而是充分利用现代信息技术，利用分布在各个不同地方的资源，使学习资源远比以往的单纯的传统课堂授课方式要丰富得多，所以，“分布式学习”强调的是资源的非集中化。另外，“分布式学习”的教学模式除了可以使学习者获得丰富的资源外，还可以是传统课堂授课方式的补充和灵活运用，如可通过电子邮件交作业、答疑，通过网络与教师、学生甚至专家进行交流和讨论，等等。这一教学模式在成人教育教学活动中的优势十分明显，首先它解决了成人学生在学习中存在的工作与学习、家庭与学习、分散居住与集中学习的诸多矛盾，同时丰富了学习资源，学生获取知识的渠道更加宽广，教与学的方式变得更加灵活，学生学习的自主性也得到了加强，对于学生的发现性学习和研究性学习能力的培养也起到了很好的促进作用。

（三）“双元制”教学模式

“双元制”的教学模式也称为“双轨制”教学模式，是德国在100多年来传统的学徒培训制度基础上发展而形成的，“双元制”中的“一元”指职业学校，“另一元”则指企业。学校承担学习文化和基础技术理论，企业承担职业技能培训，两元结合完成教育任务，故称之为“双元制”。“双元制”是学校与企业分工协作，以企业为主；理论与实践紧密结合，以实践为主的一种成功的教育模式。学生在企业里接受职业技能培训的同时，又在学校里接受专业理论和普通文化知识的教育。这样，既能够使学生具备毕业后立即上岗的能力，又通过学校教育使之基本素质得到提高，从而具备继续学习和终身学习的基础。

“双元制”教学模式具有以下特征。职业培训在两个完全不同的地点进行——企业和学校；受训者兼有双重身份——学生、学徒；培训者由两部分人承担——实训技师（师傅）、理论教师；教学内容原则上分两部分——企业培训按政府的培训条例和大纲进行，学校教育按国家和省级教育主管部门公布的教学大纲进行；教学管理——企业培训由政府管理，受政府法规、条例等约束，学校教学由教育主管部门管理，受教育类法规约束；经费来源于两个渠道——企业培训的费用由企业承担，学校教学的费用由政府和学生承担；以职业能力为本位的培训模式；以市场和社会需求为导向的运行机制。

“双元制”在20世纪90年代引入我国，应用到高校教育教学实践中，成为一种特点鲜明同时富有成效的人才培养模式。经过多年的发展，已经取得了一些成就。目前，我国已经有许多实践性较强的专业采取了这种教学模式，例如，汽车维修、炼钢和轧钢、保险、物业管理、机械制造和医疗等。“双元制”教学模式的应用为我国成人教育发展提供了宝贵的案例资源，从中可以看到“双元制”教学模式的以下一些优势：

第一，改革专业课的课堂教学模式，促进学生技能的提高。“双元制”教学以职业能力为本位，各院校在实践中都突出了实践性的原则，使学生在学习的同时获得职业工作的经验，与传统的课堂型职业教育形式相比存在明显的优势。

第二，加强了学校与社会和企业的联系。“双元制”教学模式打破了传统的封闭的办学方式，由学校和企业共同承担培养学生的责任。因此，在办学中学校增强了与外界的沟通，更多地了解了社会和企业对人才的需求情况，克服了以往办学的盲目性。

第三，加快了师资队伍的建设，教师的理论水平和实际水平都有所提高。在“双元制”办学过程中，提高了专业教师的实践能力，改变了以往的教师基本上是学科型的，其实践能力不高，动手能力不强的状况。

第四，各院校借鉴德国“双元制”教学模式，改革了课程结构，丰富了教学内容，使教学方法灵活多样，促进了教学模式的改革。

第二节　高校教育教学的观念及其发展变化

一、高校教育教学思想观念及其核心内容

（一）高校教育教学活动主体

教师主体论源于以赫尔巴特为代表的“教师中心说”，是长期统治教育研究与指导教学活动的主导流派。该派观点认为，在教学活动中教师是唯一的主体，学生是用来供教师加工、改造的，与教学内容一起构成教师教学活动的对象，属于教学客体；学生主体论源于以杜威为代表的“学生中心说”，其基本观点与教师主体论相反，认为教学活动的唯一主体是学生而不是教师，教师和教学内容都是被学生用来塑造和加工的，是其成材的工具生对象，是教学客体；教师学生双主体论则改造了前述单一主体论的思路，提出教师和学生都是教学活动的主体，在一个完整的教学活动

内，就对教学效果的最后影响来说，分不清教师的能动作用大还是学生的能动作用大，只能是两个主体并存，共同协调的结果。这时，教学内容、教学设施、教学环境等就基本上属于辅助性的东西，属于教学客体。

其实，对教学主客体的辨析有一个基本的逻辑起点，这就是从哲学引用过来的主体概念是基于什么哲学观点的，是本体论的观点还是认识论的观点。显然，从本体论出发，只能有一个主体，而从认识论出发，选择的认识活动角度不同，就会得出不同的主体结果。教学本身就是一个复杂的系统，从教学作为社会活动实践关系出发，毫无疑问教师是主体，学生是客体；从教学活动的价值关系出发，很明显，学生必然是主体，教师是客体；从认识活动的全面关系出发，则教师与学生都属于主体，客体只是那些主体之外的教学活动要素。提高对教学活动主体的认识，有利于调动教学活动要素的积极性。那些单方面强调教师主体地位的观点，对教师工作积极性、主动性与责任心有极大的激发作用，但很多情况下，教师的一厢情愿往往达不到教学效果，久而久之，教师的这种积极性也会消解。那些单方面强调学生主体地位的观点，有利于激发学生的自我教育、自我学习、自我塑造，也有利于教师在教学中贯彻促进学生全面发展的理念，但如果缺乏教师的正确引导，学生往往也不能得其门而入，最后效果并不如意；教师和学生的双主体地位，可以比较全面地调动教师和学生在教学活动中的积极性，根据实际需要各自发挥应有的作用，共同完成教学任务，实现教育目标。按照高校教育的教学活动特点来看，这种双主体观念更符合教学实际。教师和学生在教学活动中主体地位的认可，不是什么权益之争，而主要在于责任的归属。教师和学生对于那些作为客体的已知知识、未知知识的认识与探求是共同的，因此在这种“既认识已知又探索未知”的高校教育教学活动中，教师和学生属于共同的主体是不应该有疑问的。

（二）高校教育教学活动主体关系

一般来说，任何活动都存在主体与客体的关系，如果按照两种单一教学主体的观点，无论谁为主体谁为客体，都是主客体关系。但是，高校教育教学活动主体是双重的，不同主体之间必然构成一定的关系，因此，很有必要探讨教学活动的主体关系。至于高校教育教学活动的客体，在双重教学活动主体前提下，它与主体之间的关系比较简单，一方面服从于主体的需要，另一方面充当连接两个主体的纽带。

1.高校教师

高校教师是教学活动任务的具体组织者、承担者。教师群体是高校履行人才培养职能的直接人员，他们还在自己的专业领域肩负着科学研究和社会服务的使命。高校教师作为一个群体概念，包含所有在高校从事与教学活动相关的专业人员，既有教学第一线的任课教师，也有以科学研究为主要任务的研究人员，还有实验、实践教学以及教学活动组织管理第一线的教学辅助人员。一方面，高校教师作为一种社会职业者，具有较高的社会地位和重要的教学主导地位。人们常常把高校的人才培养和学术水平看成一个国家文明进步的标志，对履行这两项职责的高校教师寄予厚望。另一方面，在高校教育教学活动中，教师对教育内容的选择、对教学活动的调节、对教学进程的把握、对教学手段的改造等起着主导作用。因此，教师是教学活动的主体。

总之，高校教师肩负着比较多的教学职责。第一，要肩负传授知识，引导学生掌握学科专业基础知识、基本理论和基本技巧，培养和发展学生智力和专业能力的职能；第二，要在教学活动之中通过隐性手段启发和培植学生良好的道德、情操、意志与美感，关注学生的全面成长；第三，要精心组织和设计教学活动，不仅要注意课堂教学活动的组织，还有由课堂延伸到课外的答疑辅导、作业评判以及相应的实验和实习、实践；第四，为了更好地服务和改进教学，必须不断地开展专业领域的科学研究和教学研究，以引领学生及时了解科学前沿，改善教学方法，丰富教学内容。在这些基本职责中，最基本的两项是教学和科研。能否成为比较合格甚至优秀的教师，关键就在于能否履行好这两项职责。这两项职责任务完成得好，不仅可以相互促进，还可以带动其他职责更好地完成。实际上，中外高校都有不少教师并不能比较好地兼顾两者，相当多的教师把自己的教学目标定为传授课程知识、介绍本领域的概念和方法，很少关心学生的一般智力发展和个性发展。他们作为教学内容方面的专家，与本领域的其他人共同具有专门化的知识、概念、话语、方法，但作为教师，尤其是本科生的教师，他们则难以与学生形成共同认可并乐意接受的训练方法，丰富教学活动的知识和理论。

高校教师肩负的职责决定了他们的劳动特点，这就是教学手段的自主性与教学活动的示范性、教育对象的能动性与教学情景的复杂性、教学过程的长期性与教育影响的滞后性、教学方式的个体性与教育成果的集成性。面对这些特点，有的教师可能会表现出无可奈何，有的则从积极方面进行力所能及的改进，由此形成个人教学风格。比如以教学内容为中心的，以尊重学科为特点，重在教给学生系统的知识、原理；以教师自我为中心的，则相信自我的榜样作用，让学生陷入角色模拟的境地；以智力为中心的，则以训练学生的智能为目的，一切的知识、环境都只是用来训练的道具，知识、技能本身不是追求的结果。这些都是有特点的教师，还不是“全能的教师”，比较良好而全面的教学活动，应该是教师的知识、师生现实的探究、教师引人入胜的个性、人格和激励学生学习动机能力的高度复合。可见，当好一名高校教师实属不易。

2. 高校学生

高校教育教学活动的主要参与者除了教师就是学生，不仅高校的教学如此，任何学校教学活动都离不开教师和学生，二者缺一不可。学生的积极参与不仅丰富了教学活动的内容与形式，也在很大程度上决定着教学活动的最后效果。高校学生的构成是十分复杂的，而且随着教育大众化的推行、终身教育观念的深化和学习化社会的建立，到高校接受教育的人群越来越多，学生构成也越来越复杂。一般来说，高校教育的学生不分种族、地域、性别，在年龄上处于青年中期，个体的生理发展接近完成，心理变化趋于稳定，自我意识日益增强，已经接受了基本的基础教育。但这只是高校学生的基本规定性，实际上，世界各国高校学生的实际情况要比这复杂得多。就我国来说，目前本专科学生在主体上大致符合以上的规定性，随着高等教育政策的调整和大众化教育的发展以及更多少年的提前入学，使得高校学生在年龄、心理、生理等方面均已突破原有的规定和认识。如果将硕士、博士研究生考虑在内，则这种基本界定就显得更加局限和狭隘。

为什么说参加高校教育的学习，是解决和了解学生的学习目的和动机的重要依据？高校学生的学习目的、动机是高校教育教学活动的重要影响因素，也是学生作为教学活动主体的重要标志。只有那些目的明确、动机纯正的学生才能在高校教学活动中发挥积极的主体作用。无论高校教育关于人才培养目标的理想设计如何，学生的实际学习目的与动机是否与之完全合拍，但只要学生的要求是合理而可行的，就应该得到满足。研究表明，多数大学生认为，他们学习是为了取得职业的或专业的训练，获得发展自己和个人兴趣的机会，最终能够获得较高的收入。学生学习的态度与方式倾向是什么，这个问题的回答涉及学生的多个方面。首先是目标决定态度，基础决定方法，情感决定倾向。目标明确的学生其基本态度是积极的；知识基础、能力基础强的学生，其学习方法、参与程度必然得当；依赖性、独立性、表现型、沉默型等不同情感类型的学生，其对教学活动的态度与影响也不完全相同。

（三）高校教育教学活动主体关系模式

教学活动也被理解为教学主体之间的人际交往活动。高校教育教学活动拥有多个主体，每一个教学环节都包含了各教学主体交往的关系，每一对主体关系动力的平衡与消长都影响着教学活动。高校教育教学活动具有明显的个体性与综合性特点。这就是说，教师的教学既是个人的劳动表现，也是群体的劳动表现，一个教师不可能教好一个班级，培养出一批人才，甚至不可能完整地教好一门课程，必须要有教学助理、实验人员以及班主任等相关辅助人员的共同参与才行。学生的学习也是如此，纯粹单个人的学习有时不能很好地完成任务，我们强调开展主体性教学，所依靠的不只是单个学生的主体性，还包括建立在每一个学生主体性发挥基础上的协作教学、合作探究。所以，高校教育的教学主体实际上有三对主要关系：师生关系占主导地位，师师关系和生生关系居于次要地位。

师生关系是任何学校教学活动都普遍存在并引起高度重视的一种行动主体对应模式。它是以教学任务为中介，以“教”与“学”为手段构成的特殊社会人际关系，是高校教育最基本的、在教学活动中占主导地位的人际关系。对这种关系的认识也在不断发展变化，就其结构来说，传统的理解就是教师对学生“一对一”“一对多”的主从关系，在高校教育教学活动中的表现就是：在课堂教学上，教师读讲义、做演算，学生记笔记、做练习；在课程设置上，必修课多于选修课；在教学管理上，实行学年制，对所有学生按一个标准来要求，个体差异没有受到重视。历史经验和教训告诉我们，认识和建立新型师生关系对高校教育的教学来说十分重要。在这种新型师生关系中，教师与学生是“一对一”“一对多”“多对一”“多对多”的复杂网络系统，这个网络系统功能的全面发挥就是高校教育教学活动的全部任务与追求目标。

师师关系就是高校教育教学活动中所涉及的教师群体内部之间的多边关系。我们对高校教育教学活动中的师师关系的关注度不够，但凡谈到教学关系，必论师生关系。其实，高校教育教学活动中，师师关系的作用非常大，这是与初中等学校、其他培训学校完全不同的。由于这种关系的构成具有长期性、利益性、人格性等特点，所以尽管关系网络不会很庞大，但文人相轻、学术流派、师承传统、利益之争等情况常常发生，甚至影响教师的教学。这是从对立性看的。再从合作性来看，哪怕是一门课程甚至一节课堂，主讲教师与助教之间、理论教师与实验教师之间、教师与教学调度人员之间等的配合关系都会直接影响教学活动的开展及其效果。所以说，一个和睦的教师群体对于高校教学活动的有效开展十分必要。

生生关系是由高校教育同辈学生相互之间组成的多边联系。这种关系也被称为同学集体，它可以由同年级同专业的学生构成正式的稳定关系，也可以由相同学科专业不同年级的学生以学术爱好为基点构成稳定的师兄弟姐妹关系，还可以由教师主导创立诸如电子协会等主题组织关系。生生关系的形成具有随机性，但一旦形成，就表现出比较稳定的态势，这种态势不仅在学生大学学习期间有相互促进、影响的作用，还会在高校教育结束后延伸到社会活动中。生生关系对教学活动，尤其是对学习活动的影响是全方位而且深刻的，被认为是仅次于学生个人行为的力量。当然，这种关系结构的规模大小、质的差异性等内在特征会在比较大的程度上影响其对教学影响作用的发挥。

二、高校教育教学思想观念的演变

高校教育教学思想观念具体通过人才观、质量观和效率观等来表现。

（一）培养人才观念的形成

高校教育的根本任务是培养人才，而人才培养的主要途径是教学活动。改革开放以来，随着国家对人才培养质量的关注与重视，人们开始重新认识和反思高校教育教学和科研的关系，进而确立了教学在学校工作中的中心地位。所有高校，首要任务是人才培养，科学研究也要肩负起人才培养职能。高校教育教师必须把教学放在第一位，切实履行教师的基本职业职责。随着世界高校教育的发展和科技、社会进步对人才培养规格新要求的不断提出，能力本位观点越来越受到重视，社会需要知识全面、技能过关的高素质人才。因此，对教学活动提出了新的要求：一方面是出于理论教学与实践教学的关系问题的考虑，既不能忽视理论教学又要加强实践实验教学；另一方面也是出于协调学校教育与社会教育的关系，既不能在学校教育与社会教育之间走极端，也不能过多增加学生的时间、经费、心理等学习负担。于是，新的教学中心地位理论逐步得到丰富和发展，在校内强调理论教学与实验，在科研活动中培养学生能力，在校外加强实习实训基地建设，建立产学研机制。

（二）提高终身学习和终身教育观念

随着世界科技发展的日新月异以及世界性社会工作的不断变化，以素质教育思想为理论支撑的终身教育、终身学习观念逐渐渗透到高校教育领域，高校教育究竟是终结性教育还是基础性教育一时成为学术界的争论热点。特别是高校教育达到大众化甚至普及化程度之后，高校教育的基础性就更加突出，高校教育只能为学生未来成为科技人才、从事科技职业打下知识、能力和继续学习的基础，而不能为未来准备好所需的一切，因而，高校教育人才培养必须更加重视比较宽广的学科领域、比较扎实的基础知识、比较突出的学习和研究能力，也必须为在职人员提供大学后继续学习的条件。

(三)以学生为本的个性化教学观念逐渐生成

一场世界性的学习革命,使高校教育教学模式也必须适应受教育群体的历史性变化,这是高校教育教学创新的直接指导原则和方向。具体而言有如下表现:由单纯的掌握知识转变为更加注重智力发展和能力培养;由单纯的、狭窄的专业知识和能力培养转变为同时注重拓宽知识面,培养具有包括外语能力、经管能力、交往能力等多种能力的复合型人才;由单纯注重统一的培养规格转变为同时注重发挥学生的多样化特长和学习潜力;由偏重于理论知识转变为同时注重实际知识,进一步强调理论与实践相结合。

因材施教,促进人的全面发展是一条基本教育原则。为了克服计划经济时代"标准件"式的高校教育人才规格和培养过程中的固有缺陷,突出学生在人才培养中的主体地位,在教学管理、教学环节、教学方式等方面也要将统一的、封闭的、固定的人才模式变革为多样化、个性化的教学过程和教学形式。既努力拓宽专业口径又坚持按专业培养人才,既制定人才培养目标和基本规格又给予学生充分自由的发展,既坚持教学工作的计划性又给予学校、专业、教师和学生较大的灵活性。在教学管理上,推行学分制,实行选课、选专业等灵活的制度和政策。

三、高校教育教学思想观念变革的趋势

进入 21 世纪以来,随着我国高校教育大众化进程的不断推进,高校教育条件保障机制等方面遇到了难以预料的困难,由此引发的人才培养质量争议成为高校教育的热门话题。政府和高校教育回应这种社会争议的积极举动就是实施"高等学校教学质量与教学创新工程",试图既改善高校教育的条件保障状况,又注重将物化的环境与条件转化为人才培养所必需的制度建设,不断推进教学思想观念的创新。

(一)全面落实科学发展观

科学发展观的第一要义就是发展,包括高校教育的发展、人的发展。围绕以人为本这个核心,人才培养工作必须是全面、协调、可持续发展的,这也是终身教育和学习化社会思想的基本要求。贯彻党的教育方针,推

进素质教育，坚持“巩固、深化、提高、发展”的方针，遵循高校教育的基本规律，牢固树立人才培养是高校教育的根本任务、质量是高校教育的生命线、教学是高等学校的中心工作等都属于新的高校教育教学理念。

（二）建立健全大教育观

具体表现在创新高校教育资源共享上，通过新教材和立体化教材建设、网络教育资源开发和共享平台建设，建设面向全国高校教育的精品课程和立体化教材的数字化资源中心，建成一批具有示范作用和服务功能的数字化学习中心，完善服务终身学习的支持服务体系，提升我国高校教育的质量和整体实力。这需要充分考虑提高教学质量的系统性和复杂性，确定一些具有基础性、全局性、引导性的创新突破口，引导高校教育教学创新的方向，实现高校教育规模、结构、质量和效益的协调发展。同时，也需要调动政府、学校和社会各方面的力量，把发展高校教育的积极性引导到提高质量上来，充分利用各方面力量支持高校教育的发展，切实解决高校教育在提高质量方面的实际问题，为高校教育办学创造良好的外部环境。

（三）高校教育教学创新

高校教育教学创新与高校教育质量的提高是一对永恒的话题。总体而言，我国高等教育教学创新在实践活动上可谓阵容庞大、气势恢宏，但在形式和内容上出彩不多。因此，在教学制度创新方面，要继续建立和完善教学评估制度、专业认证制度、高校教育基本状态数据发布制度等；在教学活动创新方面，不仅要落实“教授、名师要上课堂”，还要努力建设高水平教学团队。同时，应继续突出学生的主体地位，不断加大学生选课、选专业的余地，通过学分制使学生学习的自主性、自我责任心进一步增强，还应通过各级各类大规模、高强度的教学研究与教学创新立项和成果奖励，推动教学方法创新的激励机制，根本改变教学方法创新零散、自发、孤立、短效的局面。

第三节　高校教育教学方法

一、高校教育教学方法概述

在已有研究成果中，对于高校教育教学方法的分析和认识有本质揭示型的，也有特征或过程描述型的，对于高校教育教学方法研究的风向转向了“模式”路径。无论是本质揭示还是特征或过程描述，都存在一个致命缺陷——教师本位思想。这样，几乎所有关于高校教育教学方法的本质定义和特征归纳都陷入以教师为主导的“二元论”泥潭——从教师角度研究教授方法，从学生角度研究学习方法。教授方法加学习方法就构成了教学方法。这种逻辑思路分析得出的结果自然离高校教学活动真实情景距离较远，教师的教授方法可以在没有学生参与的环境下进行，学生的学习方法更无需教师的直接参与。这两种可以游离的方法不是简单相加就可以组合成新的方法。因此，对传统的教学方法研究成果提出了批评。但批评与建构是事物发展的两个不同阶段，但在建构尚无突破，也未引起足够重视的情况下，高校教育教学方法的研究却转向了“教学模式”研究，随着教学模式研究的兴起，教学方法研究逐渐式微。

其实，教学模式研究代替不了教学方法研究，或者仅仅是教学方法研究特殊阶段的一个尝试。很多教学模式研究成果显示，它属于教学方法研究范畴，教学模式是多种教学方法的综合。至于说教学模式是稳定的、典型的教学程式或策略或样式，这种表述也背离了高校教育教学活动的本质，与高校教育教学活动特征不相容。因为高校教育的教学活动，尤其是教学方法，不存在可以照搬、套用的“方法组合”，试图设计或概括出一种模式加以推广也不符合高校教师、学生、学科专业、学校类型等差别化的实际。高校教育教学，它的本质是一种整体性的有机“活动场域”，教学方法就是维系这种活动场域的或隐性或显性的“脉络”，即在教师的教授活动领域与学生的学习活动领域的交叉重叠部分发生的信息传达、消化、反馈的思维、路径、手段以及氛围环境等。在这个交叉重叠区域之外的教授方法、学习方法或者管理方法，他们虽然对教学活动、人才培养有重要影响，但不是严格意义上的教学方法。

在高校教育教学活动场域中，关于方法问题还不只教学方法一端，还有管理与教师活动交集场域的方法问题、管理与学生活动交集的方法问题。但教师和学生活动交集又与管理活动有一小块交集，问题的核心就在于教学方法的掌控权限。假如教师、学生、管理者在整个教学活动中的作用是均衡的，而且教学方法的选择与使用也是深度融合的，则三者对教学方法掌控权的共同认可范围大约是各自三分之一的“他控”组合区域，各自的三分之二都是自我控制的。也就是说，在教学方法的控制问题上，管理者、教师和学生都不可用全部的单方面意愿来衡量整体和他方的教学方法，真正可以达到三方共控的是小于各自三分之一的共同空间。教学方法的自由是“教学自由”的实践根源。

二、高校教育教学方法的特点

认识教学方法的特点是认识高校教育教学方法的理性提升。仅从明确提出高校教育教学方法特点和分类来看，几乎都是循着“探寻模式”和“分析过程”两种思路进行。我们通过分析大量教学成果奖获奖材料以及“教学名师”的实践经验发现，对于高校教育教学方法特点和分类的认识要首先回归到教学活动本身。教学方法必须是在教学活动中充当“脉络”功能的东西，教学活动之外的、教学活动之中但不能充当活动“脉络”的，都不能归于高校教育教学方法考察范围。

在整个高校教育教学活动中，一切活动都围绕着“提高教学水平和教育质量、实现培养目标”这个中心，而且任何活动都具有其方法、途径、手段。在专门人才培养过程中，课程是最基本的知识与能力体现的单元，也是高校教育活动中学科与专业相互转化与结合的最小载体。学科是一个按照学术发展逻辑不断丰富起来的系统化的知识体系，专业是教育活动按照社会对专门人才要求所设计的一个相关学科知识体系群，开展这种学科知识体系群的知识传授和能力训练就是专业教育。可以说，专业是按照社会发展的逻辑变化的。课程是学科知识体系的分化单元，也是高校教育实施专业人才培养的最小的完整的知识与能力结构单元。高校教育的复杂性就体现在从课程这个知识逻辑体系转化为接受教育的学生所获得知识与能力的微观过程之中，这就是教学活动。因此，研究高校教育教学方法就必须把课程作为基点，超出课程范围的东西如人才培养方案、教材建设与教学活动关联不大。那么，确定了教学方法的基本范畴，尚需进一步对教学方法的内在特点和结构进行细化。

高校教育教学方法特点的研究近年来比较沉寂。早前“二性论”（专业指向性、学术研究方法接近性）、“五个培养论”（学生的自学能力培养、研究能力培养、实践能力培养、合作精神培养、创新精神培养）、“七方式论”等，几乎都是对教学方法的实现功能考察得出的结论，到了“三性论”（学生主体性、探索性、学科专业性），关于高校教育教学方法特点的研究才逐步回归到高校教育教学方法本身。

遵循着这种思路，在全面考察高校教育教学方法涉及的各个方面之后，我们认为比较集中的、显然区别于其他层次教学方法或者高校教育教学活动中其他范畴的特点主要有以下几点：

第一，可感性。可感性与抽象性、不可感知相对。教学方法虽然具有工具性，但一味强调甚至放大它的工具性是不利于创新的，所以要把它看作是维系教学活动场域的“脉络”，尽管“脉络”不都是可见的，但必须是活灵活现的。教学活动到了面对面的“方法”程度，感性色彩非常浓厚，不仅要使参与者都能够感知“方法”的存在，而且还要富有效果。可感性是对教学方法的具体化概括，无论是语言、工具、形象、仪态甚至思路、能量等，都能够让人感触、感知、感觉得到。这就可以避免原来那种“方法是对知识进行加工并呈现出来”说法的片面性。可感性越强，可接受的程度越高。

第二，内隐性。内隐与外显、直白相对，近似于含蓄。教学方法的最终目的是教育学生，而无论从理论上分析还是从教学实践经验上总结，对于不同的人，或者对同一人的不同时段和处境，教化的方法是截然不同的，这就需要教学方法具有内隐性，不全是直白的指点、训斥。同时，一切社会认知都具有内隐性，根据学习心理学的研究，学习者对于社会性信息内隐性的感知要强于对非社会性信息的感知。这好比大厦结构中的钢筋和水泥,内隐性是“钢筋”,外显性是“水泥”,它们共同构成认知建构的基本结构。高校教育教学活动虽然是专业性教育,但更多的是社会认知性学习,因此,内隐性是教学方法的普遍特点。

第三,双重性。双重性就是事务的两种相对独立甚至对立的特性集于一体。很多事务具有双重性,高校教育教学活动的双重性尤为突出,在教学方法层面,教师和学生的主体双重性、教师和学生参与教学活动动机的双重性、目标的双重性、价值标准的双重性等都集中在一起,交锋交汇。具体而言,突出表现在教学内容、方式方法、手段,甚至是目标与结果等教育内部体现上。这些关系有的是从属的、有的是背离的、有的是不确定竞争性的,还有的是客观性与主观性并存。总之,忽视高校教育教学方法的双重性,教学方法就会走向死胡同。

第四,微观性。微观是个相对概念,社会科学中通常把从大的、整体方面去研究和把握的科学称作宏观科学,从小的、局部方面去研究和把握的科学称作微观科学。在高校教育教学活动体系中,教学方法显然不属于宏观层面的概念或范畴,微观性是教学方法的实际处境,只有认识到这一点,才能准确地分析教学方法的各种内在问题。任何提升或夸大教学方法层级的认识、企图,都会把教学方法研究引向歧途。

第五,复杂性。复杂性是一门认识论、方法论科学,它是对“还原论”的批判和超越、对“整体论”的追求,或者说是既重视分析也重视综合、既关注局部也关注整体的系统科学的新发展。事物的复杂性是指在环境、条件发生变化时,不同行为模式之间的转换能力及其表现比较弱,某些新增条件似乎消解了一些元素。因此,要用非线性关系去把握局部与整体的变化。认识事物的复杂性,必须把握复杂性事物内在的非线性、不确定性、自组织性和涌现性。高校教学活动完全符合复杂科学的这些特征,因此,教学方法相应地也具有复杂性特点。

第六,丰富性。感性活动的基本特点就是无限的丰富性,教学活动尤其是教学方法方式,既是有组织的合理性,又是合规则的建制活动,更是一种师生互动的感性活动。一名教师教授同样的课程,两次的教学感受以及教学方法可能是完全不同的，学生的学习感受也是如此。教学方法的丰富性实际就是教学方法的感性、复杂性以及双重性等特点的衍生结果。因此，期望用教学模式来“类化”教学方法的研究路径是违背教学方法规律和忽视教学方法特点的。

三、高校教育教学方法的分类

高校教育教学方法的分类要从“种属”和“类别”两个方面分析，即按照种和类两个维度进行分解：第一个维度是“类”的角度，可以分为：①教学方法总论；②理论课程教学；③实践课程教学；④学习方法。第二个维度是具体的方式与途径，即“种”的角度，可以分为：①课程教学内容与体系创新；②教学方式方法创新；③教学手段与技术创新；④教学艺术与技巧创新；⑤教学方法模式创新与综合创新；⑥教学效果与质量检验方式创新；⑦教学组织方式方法创新；⑧教学方法创新理念与策略。建立这样一个二维方法结构表，基本上可以反映出高校教育教学方法的全貌，高校教育教学方法的所有特性也能够在其中找到相应的载体。高校教育教学方法研究就是要从高校教育教学活动的整体系统入手，深刻分析教学方法的特点，认识教学方法的规律，并在教学实践中有效地运用教学方法。在进行高校教育教学方法研究时，有三个基本着眼点不能忽视。

课程——教学方法研究的逻辑起点。教学方法研究入手的路径不同就会产生不同的结论，比如以教学工具为基点，就会使教学方法研究偏重于实现教学的手段；以教师主体为基点，就会使教学方法研究走向“教师中心”的单边主义。教学方法研究的适用基点可以有很多选择。我们所理解的教学方法应该以教学内容为出发点，因为教学方法所承载的主要功能就是知识的传递、接收、转化与学生修养、思维、能力的训练。没有教学内容，教学方法就无从谈起。但是，教学内容是一个复杂的体系，大到学科专业的系统化知识体系，小到一个基本概念和定律、规律性常数等，针对不同的教学内容可能会出现不同层次的教学方法。为此，教学方法研究必须核定一个教学内容层级，“课程”是我们确立的教学内容逻辑起点。

课程在发展演变中曾被赋予过多种多样的含义，富有代表性的课程定义有如下几种：学习方案、学程内容、有计划的学习经验等。一般认为，课程就是系统的教学内容，是一系列教学科目的集合。具体而言，课程包括“教学计划”“教学大纲”和“教科书”所规定和表述的内容。无论课程的定义表述如何，这里作为教学方法研究逻辑起点的课程特指高校教育课程。高校教育课程不同于基础教育课程，它具有自己的基本范畴和过程性特点。基本范畴就是高校教育课程一个系统性概念，最基本的是为达到某个教育目的而组织的一个单纯性教学内容。推而广之，还有教学科目、学科。过程性特点是高校教育课程的显著标志，无论哪个层次的“课程”都是为实现一定的教育目标而组织的教学内容，而且这些教学内容必须进入教学环节，参与教学活动。尽管从哲学、心理学、社会学以及交往论等不同视角对课程的过程性认识会有不同阐述，但“知识体系”“教学资源”“教育目的载体”“组织模式”这几个核心概念是其灵魂所在。从起源讲，课程就是“课业进程”。

教学方法是以某一门具体教学科目为基础的教学交往活动要素，不仅仅在孤立的一次教学组织活动中，而且在学科专业层面的全程教育活动中。在当前课程创新意义上，可以适当延伸到课程组群的教学活动中，比如专业基础课程、专业课程或者理论性课程、实践性课程，还有从表现形态划分的显性课程、隐性课程等。因此，以课程为逻辑起点的教学方法研究，必然是丰富多彩的。

目标——教学方法研究的基本考量。这里的目标不全是高校教育人才培养规格目标，而是指具体课程的教学目标，但它又是整个高校教育人才培养目标的一个组成部分。这个课程教学目标既是课程体系的目标，同时又是教学活动的实现目标。按照课程论的观点，高校教育课程设计具有基础性、实践性和国际性的发展倾向，那么，具体的单门课程目标，既有与其他相关课程目标的分野又有相互的衔接，既是整体人才目标的组成部分也各具自身的独特性，而要达到这个目标，则是教学环节即教学方法所必须回答的教学目标。

一般来说，将课程的知识结构体系传达给学生不是难事，但这不一定需要教师的参与,更无需教师设计教学方法。课程目标的重要任务是以知识体系为载体,通过教学活动达到训练学生能力、提高学生认知水平,并在一定程度上转化学生情感的效果。

因此,研究和分析高校教育教学方法,必须把实现课程以及教学目标作为考量依据,尽管课程与教学目标也是教学评价的重要依据,但如果在教学活动的方法选择上游离教学目标,那么在没有做到“教考分离”以及学生对教学评价主导地位难以落实的情况下,课程教学考核依然会在教师或管理者的单边主义主宰下进行,不能反映某门课程的目标是否实现。这也是长期以来高校教育教学活动中教师教书本、学生学书本、考试考书本,最后学生除了学一堆知识之外,实践能力、创新思维以及情感培育等非常欠缺的原因。

教学方法为实现教学目标服务,在教学方法被“艺术化”的倾向下,尤其要防止“为艺术而艺术”的思潮蔓延,使教学方法创新走上一条“为方法而方法”道路。无论是实施教学组织,还是运用教学方法,或是评价教学方法,都应该把课程及其教学目标放在首位,根据目标实现的程度和效果以及采取某种方法开展教学的效率来考量教学方法的好坏。在各种类别和层次的教学方法中,以一门课程的教学目标实现和其相应一个教学活动单元组织开展的教学方法就是本研究的基本使用。

第二章　高校教育管理概述

第一节　高校教育管理的内容与本质

一、教学管理的组织系统

教学管理组织系统是教学管理群体为共同目标的达成，利用权责分配、层级统属关系与团队精神构成的可以实现自我发展与调节的社会系统，用于解决谁管理与如何管理的问题。管理体制是指组织机构安排，隶属关系与权责规划等组织制度体系化建设。要想充分发挥教学管理的组织功能，就要从根本上优化管理体制，促进组织结构的科学合理建设，管理系统属于结构性关系组织，是组织成员彼此行为关系构成的一个行为系统，又是一个随时代变迁而调整适应的生态化组织，更是成员角色的关系网。教学管理组织建设的根本目的是要构建全面科学的教学管理系统，构建质量管理系统与运行机制，更好地为广大师生以及教育教学工作提供助力教学管理系统，关注的是过程管理纵向系列与横向系列整合。纵向系列指高校、二级学院（部）、教学系部和教研室；横向系列指教务部门、科研部门、大学生管理部门、人事部门、政工部门、后勤保障部门等。要促进教学目标的达成，培育出更多优秀人才，必须确保两个系列进行有效协调。

高校要构建教学管理组织系统，保证该系统工作可以顺利、高效地开展，灵活创新地运行，一定要打造高素质的教学管理队伍，明确机构设置，确定岗位责任。

二、教学管理的本质

从本质角度上进行分析，教学管理是在高校系统中以教学子系统为研究的管理对象，组织运用有限资源，科学安排教学过程，优化资源配置，提升教学效益。

三、教学管理的基本任务和职能

从基本任务上看，教学管理需要严格遵照教育教学规律，搞好教学管理系统规划，运用现代科技和现代化管理方法对所有教学活动实施动态和目标性管理。与此同时，强调要发挥管理协调的巨大价值，调动各方参与主动性，确保人才培养进程当中教学任务顺利完成。

教学管理职能主要是“决策、规划，组织、指导、控制、协调、评估、激励，研究、创新”，这些职能之间有交叉，同时也有着密切的内部关联，共同构成了一个有机整体。

四、教学管理内容体系

做好教学管理，提升管理质量，其核心在于管理者清楚知道要管的内容，重点管的内容以及如何能够管理好，教学管理本身是一个整体，教学管理内容体系，从多元化角度出发进行体系框架的表现，就教学管理、业务科学体系而言，可以归纳为四项，分别是教学计划管理、教学运行管理、教学行政管理、教学质量管理与评价。如果将教学管理职能作为划分标准的话，包含控制协调、评估激励、研究创新、决策规划、组织指导。从教学管理层次与高度层面上进行分析，涵盖教学改革、教学建设与日常管理这几个部分。

（一）教学计划管理

人才培养方案是高校为了提升教育教学质量，确保培养规格的关键性文件，是安排教学活动、设置教学任务、维护有序教学编制的依据所在。教学计划是在教育部宏观指引之下，由高校组织专家自主制定完成的，所以每个高校拥有很高的自主权。教学计划在确定之后必须全面贯彻落实。教学计划管理的核心在于合理设计人才培养蓝图,要求高校在企业中注入极大精力,开展基本调查研究,尤其是获知新的教育观点、教学内容、培养模式等方面。需要高校本学科专业的学术教学带头人、骨干教师先进行课程结构体系的研究。只有保证课程结构体系的优化与全面,将人才培养的总体规划进行有效定位,才能够为优秀毕业生的培育奠定坚实基础,其中要特别注意,在制定了教学计划后,必须严格贯彻,切忌随意散乱。

(二)教学运行管理

教学管理基本在于利用规范化管理确保教育教学活动顺利有序地运转,提升教学水平。教学运行管理是围绕教学计划落实开展的教学过程与有关辅助工作的组织管理。教学过程指的是大学生受教师引导的认知过程,还是大学生利用接受教学活动的方式收获综合发展能力的过程。高校教学过程在组织管理方面的特征,最为明显的是:第一,大学生学习自主性与探究性特征明显;第二,坚实基础学科教育根基上的专业教育拓展;第三,教学科研不断整合。以这些特点作为重要根据,进行教学过程组织管理,特别要做好课程大纲的设置,设计组织管理内容、程序、规范要求等,以便对教学过程进行检验。

(三)教学行政管理

教学行政管理是高校、教学系部等教学管理部门结合教育规律与高校规章行使管理方面的职权,对教学活动与有关辅助工作实施科学化组织、指挥、协调调度,确保教学稳定持续运转的协调过程。

(四)教学质量管理与评价

教学质量这个概念具有很强的综合性,判断教学质量水平指标应涵盖教学、学习与管理质量的综合性指标,才能够得到客观准确的评估,教学质量是不断渐进累积的产物,是动态与静态管理整合形成的,所以要关注动态与过程管理,实现过程与结果的统一。革新教育思想,提升教学水平,是做好教学质量管理的基础前提。要做好质量监控,设计全程质量管理，构建与校情相适应的质量监控体系与运行机制，首先必须对质量监控概念、要素、组织体系等进行梳理，认真研究质量监控与保障的全部有关问题。高校要积极构建围绕核心，科学化与可操作性强的质量管理模式。

第二节　高校教育管理的原则与思想

一、高校管理的理论根据和指导思想

管理科学化在提升管理效率与教育质量方面意义重大。管理科学化的实现依赖于与客观实际相符的、人性化与规范化的管理制度，而以上所有均离不开科学管理思想。科学化的管理思想总共有三个层次，分别是认知理论的管理思想、管理遵照的基本原则与实践中运用的方法。

（一）管理思想

管理思想是关于管理的观点、理论或观念，是管理理论与实践整合与人头脑的一种反应。管理思想能够对管理实践发挥重要的指导作用，思想是行动的先导。管理思想会伴随社会和管理实践的产生、发展与变化而发生改变。19 世纪后期，受机器大生产的影响，欧洲产生了过程管理、古典科学管理等思想。20 世纪 60 年代之后产生了大量的管理学派，促进了管理思想的繁荣。

高校管理是教育管理的重要组成部分，管理思想应该和教育管理思想一致，均为复杂综合的重要理论课题，也应确定理论前提，与一定的思想理论进行紧密关联，以便确定基本方向。站在哲学的角度进行分析，高校管理思想主要包括以下几个方面。

1. 运用相互联系的管理思想

高校管理属于社会现象，具有很强的综合性与复杂性。假如站在宏观角度上研究的话，高校和社会、家庭乃至于整个时代都是存在密切关联的，广大高校大学生也不是孤立和隔绝于世的，因此高校管理会涉及社会、家庭，影响时代的同时也受时代影响或制约。

站在微观角度上进行分析，高校管理的各个要素之间存在着彼此联系与制约的关系。比方说管理和教育间的关系、管理和服务间的关系等都互相影响与制约。

2.运用动态平衡的管理思想

管理是一个系统性过程，该过程处在持续不断的发展变化过程中，不单单受政治、经济、文化等诸多要素的影响，还受高校本身诸多因素的影响。一切都处在不断变化的过程中，管理工作也是如此，在发展过程中不断完善与进步。另外，被管理者以及被管理者的思想行为、人格等也会在大学生管理过程当中发展完善。因而将动态平衡管理理念应用到管理实践当中，就要用哲学当中发展的观点，做到与时俱进，立足现实，着眼未来，探究新情况，解决新问题。

3.运用对立统一的管理思想

高校管理实践活动中包含着多元化的矛盾关系，因而要借助对立统一的管理思想处理问题与矛盾。例如，管理者和管理对象间存在着矛盾，要用对立统一思想指导管理实践。

4.运用实践探索的管理思想

实践是检验真理的唯一标准，又是获取正确认识的主要来源。高校管理具有较强的实践性，同时对操作性能提出了较高的要求。所以在推进高校管理时必须树立实践意识，培养探究创造的勇气，在实践当中把经验抽象为理论，以便更好地指导大学生的管理实践。不断反复以至无穷，促进大学生管理全面进步。

(二)指导思想

在对我国高校管理进行指导思想研究的过程中，需要特别注意运用以下观点与思想。

第一，坚持马克思主义有关于人的全面发展的理论，培育“四有”人才是社会主义高校教育的根本任务所在。想要保证研究工作质量，首先一定要明确给谁培养人才和培养怎样的人才这样的问题。我国社会主义高校的性质决定高校培育出的人才要具备扎实的科学文化知识与健康的身体素质,要有极高的社会主义觉悟。要完成“四有”新人的培育目标,就要严格根据马克思主义关于人的全面发展教育思想推动教育发展,有效地培育德智体美劳全面发展的中国特色社会主义事业建设者与接班人,这也是马克思主义理论精华具体应用的表现。

第二,运用马克思主义有关辩证唯物主义的理论,用对立统一的观点对高校管理工作进行引导,在管理实践当中贯彻整体观念。马克思主义辩证唯物主义哲学是所有社会与自然科学的理论根基。马克思主义认识论与方法论渗透在全部社会与自然科学中,因而必然渗透在高校管理中。从纵向上看,整体观念是局部与整体统一,从大学生管理工作整体系统的角度上看,构成有机整体的每个部分都是支系统和局部。大学生管理系统整体功能最终是局部组合形式决定的,虽然局部拥有特定功能,但都应服务于系统整体目标与功能,局部要素要以整体目标为基准建立起来。从横向上看,秉持整体观念是处理局部间分工合作一致性,将各部门进行有效协调,共同为培育全面发展人才的管理目标服务。

第三,利用高等教育与现代科学管理理论指导大学生管理,推动管理科学化。现代治校理念要求,要运用现代科学进行高校与大学生的管理。具体而言,一要靠教育科学,遵照教育内外部规律办事。例如,高等教育规模是由经济基础决定的,又会反作用于经济基础。高校是高等教育的重要平台和有效载体,如今人才竞争激烈程度逐步增加,市场化竞争更是空前激烈,思想观念、结构、体制等多个方面都出现了一系列的改革。高校一定要把握时代脉搏,面向市场办学。高校管理要持续不断地进行,研究新情况,解决新问题,面向新时代培育复合型人才,要靠现代管理科学理论方法完成管理活动,确保大学生管理组织机构完善,管理制度健全,人员责任、岗位分工恰当,职责明确,奖罚分明,动作协调一致,管理高效。运用现代管理科学指导大学生管理,主要是对基本原理进行应用,主要包括人的能动性、规律效应性、时空变化性、系统整体性的原理。在具体的管理实践当中一定要促进组织系统化建设,决策科学化发展,方法规范化进步与手段现代化改革。

第四，继承发扬我国多年来高校管理的成功经验，吸收借鉴经验财富。中华人民共和国成立以来，高校管理实践当中累积的大量成功经验与宝贵成果是如今大学生管理的财富。首先，社会主义高校要始终坚持共产党领导，走社会主义道路，这是最为基本的成功经验。坚持党的领导，实际上就是利用党的方针、政策、路线指导高校管理，确保高校的社会主义方向性质，充分调动师生的热情，为培育素质过硬的高级复合型人才不懈努力。所有管理都要坚持党的领导，所有规章制度的制定落实，都必须始终坚持一个中心两个基本点，这样才能激发管理参与者的热情，而这也是衡量管理功能与效益的基本点所在。其次，管理规范化与制度化就是将与社会主义方向相符，同时历经实践检验的、成熟民主的科学管理制度方法等，用制度的形式进行固定，构成工作规范，实现权责利的统一，让制度在思想性与科学性上达到统一。再次，秉持理论与实际相结合的原则，面向社会实践与社会需要，确保教育和生产的整合。培育社会主义高校人才，一定要满足市场经济的需求，在思想方面拥有较高的社会主义觉悟与共产主义献身精神，在业务方面除了要具备扎实理论之外，还要具备较强的分析与解决问题的实践能力，拥有实干精神与独立性。

二、高校管理的原则和基本方法

原则是客观规律的反映，是观察与处理问题的根本准绳。社会主义高校管理的重要原则是大学生管理内在规律的体现，不是主观臆造的。在整个大学生管理体系当中，管理原则地位十分关键，有承上启下的作用，为管理目标与实现目标手段搭建了桥梁，是运用有效方法推进管理实践的根本要求。管理原则与管理目标、过程、方法、制度、管理者等要素存在紧密关联，同时处在指导地位。

（一）高校管理的基本原则

1. 大学生管理工作的方向性原则

管理是有目的的一种实践活动，实际管理工作一定要具备方向性。

把社会主义方向作为根本准绳，是我国大学生管理的本质特征。我国是社会主义国家，所以要将高校变成社会主义性质育人平台，这也决定了高校所有管理活动的性质。高校管理一定要坚持党的领导，走社会主义道路，坚持科学发展观、坚持习近平新时代中国特色社会主义思想，为社会主义现代化建设培养造就大批合格人才。这是高校管理最根本和最重要的原则。

2. 理论与实践相结合的原则

理论与实践相结合，坚持实践是检验真理的唯一标准，是马克思主义基本原理，更是高校管理的基本准则所在。有效领悟与把握马克思主义科学与有关管理原理，掌握其精神实质，是做好大学生管理的基础与前提条件。但管理原理、应用范围与实际价值会受诸多因素制约。党和国家在社会主义现代化建设的过程中，制定了基本教育方针政策，在不同时期会结合差异化的特征，提出具体方针政策与实际要求，而且这些方针政策与实际要求应该在高校管理的措施方法中进行有效体现。但是大学生管理科学化，还要坚持从实际出发，考虑大学生的实际特征，制定出针对性强的方法、策略。

3. 行政管理与思想教育相结合的原则

拥有共产主义思想道德，不单单要有说服教育，还必须持续不断地实施行为训练，让高校教育要求成为大学生正确的行为习惯，不然教育效果是无法得到有效巩固和提升的。假如规章制度以及行为规范等设置不够科学，德育教育实践就会丧失动力。行政管理在培育社会主义合格人才的进程中作用巨大，给教育实践提供了重要的规范与纪律保障，但具体到高校管理是借助规章制度与行为规范来科学指导、约束大学生的思想行为。这些制度措施以及纪律表现在社会和高校集体意识对高校大学生的要求，还体现为对高校大学生行为的外部限制。所以，单一借助管理制度解决高校大学生群体复杂精神领域问题不实际，同时也违背了实际情况。正确管理措施的制定落实，一定要把提升大学生认知能力，提高大学生遵章守纪的自觉性当作是基础前提。自觉遵章守纪来自拥有科学正确的认知，离不开科学化的教育实践。只有利用科学合理的德育教育方式，才能够提升大学生纪律执行的自觉性，有效地提升管理质量与效率。

4. 民主管理原则

社会主义高校管理体系当中一项非常关键的内容，是要对大学生进行自我控制与管理能力的培养，使得大学生能够在管理实践当中拥有主人翁意识，积极主动地参与管理活动，充分调动大学生的主观能动性。为了保证大学生自主管理的实现，一定要在大学生管理当中落实民主管理原则，保证整体目标的达成。

就高校大学生心理发展的特点而言，大学生正处在心理自我发现的阶段，这个阶段的大学生拥有非常强的支配自我与环境的意识，特别是在独立性方面，渴望个人人格与意志得到尊重。面对高校给出的规章制度以及纪律等方面的内容，高校大学生会主动思考其合理性，通常不希望被动服从，渴望直接参与到管理当中。结合高校大学生的心理特征，一定要在大学生管理中发扬民主，让大学生成为既是管理对象，又是管理主体。在落实民主管理原则时，特别要关注党团员大学生作用的发挥，合理选拔优秀大学生干部。

（二）高校管理的方法

高校管理方法是以管理原则作为有效依据，为保证大学生培养目标的实现，在具体管理环节运用的方法、步骤、途径、手段等有以下几种。

1. 调查研究

经常性地调查掌握和了解大学生的实际情况，有效地选取针对性强的处理方法。在调查研究过程当中，一定要针对调查对象、目的、方法等内容，做好科学规划，不可敷衍了事。调查过程当中，必须做到实事求是，有效运用马克思主义立场、观点、方法，注重综合性的研究分析调查。

2. 建立规章制度

在高校管理发展的建设当中，应该逐步建立科学化的管理制度体系，这是确保大学生管理工作有章可循的基础。制度建设一定要与高校大学生身心特征相符，同时要与教育规律与大学生管理目标相适应。与此同时，制度要伴随教育改革与进步持续不断地健全，同时要维持相对稳定性。

3. 实施行政权限

结合管理目标、内容等制定规章制度与相关的行为规范，利用行政方法实施有效管理，通过有关管理部门与师生、员工共同监督检查的方式，促使大学生集体或个人与管理目标相符。行政方法通常有惩治和褒扬两种。在具体的管理过程当中，针对能够认真遵守相关管理制度，思想行为与制定规范相符的个人与集体，应该大力褒扬赞赏；对于违规违纪，思想行为不符合管理要求的个人与集体，要给出限制措施，同时要用严格制度惩治行为极度恶劣者。

4. 适当运用经济手段

经济手段实际上是补充行政方法的一个策略。在具体的大学生管理环节，给予必要的物质奖励，或者是物质上的惩罚，指的就是经济手段。选用经济手段并不表明行政方法难以确保管理工作的有效实施，是因为经济手段会直接触及大学生的物质利益，所以能够发挥一定的作用，而这个作用是行政方法无法代替的。在选用经济手段实施大学生管理工作时，不能只关注经济手段奖惩，而忽略日常教育指导与行政管理，也不能只注重经济手段奖励优秀大学生，忽略用同样手段处罚违纪大学生，更不能只关注处罚而忽略奖励，否则会直接影响到经济手段作用的发挥。

第三节　高校教育管理的重点与意义

一、高校教育管理的重点

（一）教学管理的特点

教学管理在高校管理实践当中占据不可替代的地位，同时管理活动带有明显的特殊性，这也决定了教学管理有以下几个明显特点。

1. 教学管理的能动性

能动性是教学管理的一个显著特点，此处指的是人的主观能动性。教学管理主要对象是师生，是否可以有效地调动师生的积极性，是衡量教学管理质量的关键标准。在整个教学管理体系当中，师生拥有双重身份。教师在对大学生进行教学指导时扮演的是管理者角色，而教师在作为高校教育教学执行者时，属于管理对象。大学生是高校与教师的管理对象，同时是自身学习的自我管理者。不管是师生扮演着怎样的角色，承担着如何的身份，都有主观能动性。

2. 教学管理的动态性

动态性指的是教学管理各环节均处在动态发展的进程当中，比如，人才培养方案要跟随社会经济变迁而不断地更新完善，教学质量评价系统要伴随建设内容改变而更新。正是在持续不断的总结提升和动态化的协调处理当中，才让教学管理水平与质量螺旋上升。

3. 教学管理的协同性

教学管理担当的重要任务是协调大学生个体与高校、教师之间的集体活动，有效地发挥师生个性，推动个人与集体的协同进步。

4. 教学管理的教育性

教学管理者利用科学制定管理制度、优化管理过程、设置奖惩制度等方式，指导大学生进行自我教育与管理，推动大学生自我服务，最终实现育人目标。

5. 教学管理的服务性

高校中心工作在于育人，教学管理要紧紧围绕教与学，并为其提供良好的服务。树立正确服务意识，是对教学管理者提出的根本要求。

（二）教学管理队伍的结构

高校教育教学管理队伍由分管教学副校长、教务处全体人员、学院（系）主管教学副院长（副主任）、教学秘书（教学办全体人员）和教务员组成。教学管理人员的结构主要包括学历结构、职称结构、年龄结构、高校结构和性别结构等指标。科级以上管理人员岗位应具备硕士及硕士以上学历，博士学历占一定比例；处级岗位、教学副院长（副主任）和重要科级岗位应具备副教授以上职称，教授占较大比例；老、中、青各层次人员合理分布，教学管理队伍既要有教学管理经验丰富的中老年专家，又要有充满活力、信息技术强的青年骨干；学员结构上外校人员应该占多数比例，有利于发挥不同的管理思想，承担重要岗位工作的教学管理人员应有基层教学管理工作经历。

（三）教学管理的重点

1. 注重提高教学管理人员的职业道德和业务能力

高校方面要切实意识到教学管理者在高校长远发展建设当中扮演的角色和发挥的不可替代作用，有效地培育其德育素质，使其树立事业心与责任心，始终秉持奉献精神。

首先，教学管理者所处位置非常关键，发挥承上启下的作用，担当上传下达的责任，不单单要贯彻落实上级部门给出的工作安排与文件精神，还必须协调组织教学管理活动，同时还要面对教师，处在和大学生沟通互动的前沿，这样的工作定位与职责呼吁教学管理者要具备职业道德与高度责任意识。教学工作涉及范围广，内容多而复杂，很多事都要关注细节。有些事情看似很小，但实际上却关系深远。其次，教学管理者必须具备精诚合作的精神。高校教学管理的一个重要特征是层次化管理，既有独立，又有彼此的团结配合。只有具备团队协作精神，懂得如何合作和协调，才能够全方位处理好实际工作，做好分工，有条不紊地解决好诸多问题。再次，教学管理者要有极强的业务素质能力。教学管理者的业务水平与能力素质是独立开展教学管理工作，有效突破实际难题，完成各项管理任务的根本。高校方面要关注教学管理者业务素质水平的提升，使其能够熟练把握、运用好高等教育的专业化知识，把握教学管理基本理论与专业知识，有效地评估教育教学的发展态势，协调不同部门与不同因素之间的关系，推动信息的顺畅流动，革新管理策略，全面提升管理水平。从实际出发开展教育科学研究和实验活动，有效地推动教育管理现代化与科学化。

2. 正确处理教学管理与教学质量的关系

教学管理是高校针对教学工作不同环节开展的管理活动，结合既定管理目标与原则对教育教学实施有效调控。教学管理各环节均与教学质量存在着密不可分的联系。教学管理涉及的内容非常广泛，从教学质量评价系统来看，包括培养方案、教学计划的制订，教学任务的安排，教学跟踪监测，信息收集，信息统计分析，质量评价等内容。与此同时，要特别注意结合反馈信息以及评估获得的结果进行教学计划的革新调控。每一项具体工作又会包括很多不同的方面。教学管理一定要紧紧围绕全面提升教学质量这个中心工作实施。高校应该全面革新与健全教学管理体制，积极建立有助于新型人才培养的教学管理制度。

3. 正确处理教学管理人员与教师教学任务的关系

教学管理者与教师共同担当着教育使命，前者以整合利用教育资源为主，后者以传播知识和启迪思想为主。管理育人与教书育人相辅相成，二者存在互相影响与作用的关联，属于相同目的之下的不同层面，主要体现在以下几个方面：

第一，教学管理者是衔接教师和大学生的纽带，负责协调处理二者之间的矛盾问题，有效地营造优质的教学环境，确保教学和学习活动的有序开展。

第二，教学管理者利用整理分析教师教学质量的信息，反馈教学和学习的实际情况，合理给出科学化评定。检查考核教师在教育教学当中体现出来的学术与教学水平，评估其敬业精神，归纳评估教师是否认真完成了教育教学任务给出的指标和规划，促使教师结合社会发展与市场需要，提升教学水平，培养高质量人才。

第三，教学管理者与教师共同参与高校各项事业的建设，如课程建设和教材建设等。利用对教学的调查研究与分析工作，提出改革和优化教学的方案计划。

第四，高校管理者给教师提供教育教学方面的帮助，营造优良的教学环境，促使教师可以集中注意力投入到教学活动当中。

4. 注重教学管理与教学研究的关系

教学管理是一项系统性工程，需要长时间的建设与积累。高校完成日常教学管理，维护教学秩序，只是完成了第一层次的工作，仅仅标志着拥有了良好的工作基础与教学环境。要想真正提升人才培养质量与教学管理质量，还必须积极促进教育教学研究工作的开展。关注教育教学研究的高校，其教学工作的指导思想明确、目标选择恰当，能审时度势，从国情、校情出发确立新思想、新思路、新措施、新制度，教学工作和管理工作处于高质量状态。教学管理和教学管理研究开展较差的高校，其教学改革往往比较落后，抓不住教学改革的重点与核心。结合这样的特征，要特别关注教育教学研究工作，把握好提升教学管理效益与质量的关键点。

二、高校教育管理的意义

教学管理是高校教育工作的重要组成部分，对培养高质量的人才起着重要的作用。当前加强教学工作的主要任务和基本举措是加大教学投入，强化教学管理，深化教学改革。这既需要各高校结合自身实际健全和完善各项教学工作规章制度，还需要采取措施，确保各项规章制度严格执行。高校实施先进有效的教学管理离不开高素质的教学管理人员。只有具备一支业务能力强、创新意识强、实干精神强的教学管理队伍，高校的教学管理水平才能不断提高。

（一）教学管理人员具备的素质能力

现代教育要求高校教学管理必须适应时代的发展，对在第一线的教学管理工作者提出了更高的要求，要求他们具备多方面的综合能力和素质，具体表现在以下几个方面。

1. 具备高尚的道德素质

良好的道德素质是搞好教学管理工作的基本条件。高校教学管理人员的道德素质,直接关系到高校教书育人的成效。“学为人师,行为示范”,教学管理人员应以自身的思想、学识和言行以及道德人格力量直接影响大学生,做到管理育人。

2. 具备强烈的责任心

教学管理工作既有较强的连续性,又会遇到新情况、新问题;工作头绪多,任务重。强烈的责任心能产生工作主动性,是教学管理人员必备的品德。如每学期的期末考试,从安排、组织考试,到上报各种考试报表,再到各科试卷、成绩单的整理归档,每个环节都必须认真负责,才能较好地完成工作。

3. 具备扎实的业务知识素质

首先,要掌握系统的管理学知识。随着教学体制改革的深入,教学管理人员应掌握系统的管理学知识,按照管理规律办事,采用科学的管理方法,合理地分配人力、物力、财力,提高教学管理工作的效率。其次,要掌握相关学科知识,这是搞好教学管理工作的基础。院级教学管理人员应了解各专业的培养目标、课程体系及各教学环节的有关内容。再次,随着科学技术的飞速发展,办公自动化的程度越来越高,教学管理人员应学习和掌握相关的信息手段与技术,如掌握学籍管理系统、教材管理系统、教务管理系统、教学评估系统、毕业证书管理系统的应用及有关日常文书处理软件的使用等,促进教学管理方法的创新,保证教学管理工作的规范化、科学化和现代化。

4. 具备较强的工作能力素质

能力是使教学管理活动顺利完成并获得预期效果的基础和保障,能力的培养和提高甚为重要。一名优秀的教学管理人员应具备一定的组织管理能力,较强的协调应变能力,利用现代化设备获取信息、处理信息的能力,较强的调查研究能力及团队协作能力等。这些能力是教学管理人员准确评估教学的发展趋势，协调各教学单位间相互关系，促进教学信息良性流动所应该具备的基本能力。

（二）教学管理的重要性

从世界高等教育的发展趋势看，深化教学管理是当今世界高等教育发展趋势的客观要求，提高人才培养质量是世界各国面临的共同课题。严格规范的教学管理，特别是加强教学质量的控制是提高高等教育质量的重要保证，向管理要质量是教学改革的重要任务之一。

从高校教学和管理队伍的历史、发展和形成来看，目前绝大多数从事教学管理工作的人员在校学习期间缺乏系统的“教育学”“心理学”“教育管理学”等方面专业技术知识的学习，大部分人员是通过实际工作的不断探索而积累经验的，不能够从理论上、教学规律上更好地把握教育工作和教学改革的建设工作。

从高等教育科学的发展来看，许多高校没有把高等教育教学管理作为一门科学来对待，高校的教育教学管理不到位，没有形成必要的校内外教育研究信息沟通机制。高校缺乏教育教学研究的氛围，缺乏有组织、有计划、有目的的教育教学及管理研究，对学习、借鉴、继承、发展等一系列问题缺乏系统的思考和具体安排。

（三）管理队伍建设的意义

建设一支综合素质过硬的教学管理团队，是有效提升高校核心竞争力的重要举措。随着社会的发展，高校间的竞争越来越激烈。如何招到更多的优秀学生，如何培养出更多的高素质大学生，如何使大学生在就业市场占据有利的地位，成为各高校普遍关注的重要问题。而从新生入学、过程培养，到毕业生离校的整个学习过程，任何一个环节都离不开教学管理的保障。教学管理队伍实力强，则贯穿于教学过程中的理念就先进，制度就健全，教与学的环境就更严谨、公正，大学生掌握的知识和技能就更全面。

加强管理队伍建设将使教学质量得到提高和保障。实际工作中，教学管理队伍也确实为提升教学工作水平发挥了关键性的作用。无论是办学指导思想、师资队伍建设、教学条件和利用、专业建设与教学改革，还是教学管理、学风与教学效果，所有这些决定教学水平的项目，都与教学管理人员的工作息息相关。只有加强教学管理队伍建设，并将高素质的教师队伍与高质量的教学组织管理有机地结合起来，才能创造出良好的教育教学质量，不断地提升教学工作水平。

加强教学管理队伍建设是提高人才培养质量的重要手段。人才培养是高校的根本任务，质量是高校的生命线。为全面提高人才培养质量，必须强化教学管理，深化教学改革，积极推进教育创新，尤其要推进人才培养模式、课程体系、教学内容和教学方法的改革，促进传授知识、培养能力、提高素质的协调发展。教学管理人员是深化改革、推进创新的主要策划者、实施者和监督者，教学管理队伍的水平直接决定了高校教学改革的广度、深度和力度。所以，提高人才培养质量必须要加强教学管理队伍的建设。

第三章　高校大学生管理工作探析

第一节　高校大学生事务管理机制

一、高校大学生事务管理机制的内涵

界定“高校大学生事务管理机制”是研究高校大学生事务管理机制创新的前提，只有准确地理解了“高校大学生事务管理机制”，明确了高校大学生事务管理机制的功能，才能在理论上回答高校大学生事务管理机制创新的必要性。

（一）高校大学生事务管理的概念

1. 高校大学生事务的内涵

关于“大学生事务”的理解主要观点有两种：一种是“课外活动说”，认为大学生事务管理指的是大学生课外的一切活动及其管理。第二种是“课外活动和非学术性事务说”，大学生事务管理是高校通过大学生课外活动和非学术性事务对大学生施加教育影响，以规范、指导和服务大学生，丰富大学生校园生活，促进大学生成长成才的组织活动。

而实际上，学生事务是指高校通过指导、规范和服务于大学生的成长过程，以促进其全面、均衡、可持续发展的课外活动和非学术性管理活动。它涉及了招生、报到注册、就业指导、住宿生活、学习进程、课外活动、贫困资助、心理咨询、医疗服务等方面。它有四个作用：①引入作用，包括招生、大学生注册和日常记录、社会捐资助学等；②服务作用，包括大学生日常行为管理、学习咨询、心理健康教育、生活辅导、大学生宿舍管理、饮食服务、大学生组织管理、社团活动开展、安全保障、医疗保健等日常内容；

③媒介作用，包括就业指导、职业咨询、社区服务和校友事务等工作内容；④感召作用，在整个大学生工作中，对大学生的人生观、价值观的道德教育是潜移默化的，辅导员的素质在其中起到了很大的作用。

2. 管理的内涵

管理仅从字面意思讲，是管辖、处理的意思，英语中的 Management 就包括了管辖、处理、办理、经营等意思。在管理学界，对管理的定义大致可以分为两种，一种是管理是实行计划、组织、指挥、协调和控制，管理可以被理解为筹划、组织和控制一个组织或一组人的工作。另一种是强调管理以人为中心，注重对“人”的管理，主张充分发挥人（包括管理对象）在管理过程中的作用。

基于以上观点，我们认为，管理应该包括对人的管理和对事的管理两方面。对人的管理和对事的管理二者是统一的，是管理主体为了达到一定的目标，对其所管辖范围内的人、财、物、时间、信息等有目的地进行计划、组织、指挥、协调和控制等一系列活动的总称。因此，管理作为一种活动，是包括了管理主体、管理对象、管理工具、管理理念、管理目标等要素的有机的动态系统性活动。

3. 高校大学生事务管理概述

（1）高校大学生事务管理概念界定

大学生事务与大学生事务管理是高等教育的产物，学术事务主要是指与高校大学生相关的各种教学活动的总称，而大学生事务包括大学生的各种课外生活、大学生活动、社团组织、生活住宿、思想情感交流、心理意识、个性发展、就业指导等非学术事务及其有关的课外实践活动。高校大学生事务管理是指对大学生相关事务的组织、管理、服务和指导。

随着我国高校大学生管理的专业化程度越来越高，以及国外大学生事务管理的不断发展与传播，大学生事务管理更能够顺应时代发展的步伐，也就逐渐替代了大学生工作的习惯用法。高校大学生事务管理的概念界定主要有如下几种代表性的观点。

一是大学生事务，指的是大学生的非学术性活动或者是课外活动。

大学生事务管理则指的是对大学生的非学术性活动和课外活动的管理。

二是高校通过非学术性事务和课外活动对大学生施加教育影响,以规范、指导和服务大学生为目的,丰富大学生校园生活,促进大学生成长成才的组织活动。

三是将高校大学生事务管理界定为高校大学生非学术性活动和课外活动的组织指导和管理,涉及大学生社团、各种课外活动、文体活动、经费资助、大学生心理卫生、纪律和法律、健康医疗、就业指导和学术支持等多个领域。

四是从高校大学生事务管理要素来界定,认为高校大学生事务包含大学生、专业人员、具体事务以及大学生事务专业四个部分。“大学生”和“专业人员”既是“大学生事务”的主体,也是其基本的“人员要素”;“具体事务”是主体之间交往活动的载体;“大学生事务专业”则是在大学生与专业人员不断进行的交往活动中形成的一个组织与知识系统。这四要素之间是一个密切关联的整体,彼此间相互作用。

五是高校大学生事务管理指高校的专门组织和大学生事务管理者依据国家的法律、政策和人才培养目标,在一定的大学生事务管理价值观指导下,运用相关专业知识和技能,配置合理的资源,提供促进大学生发展事务的组织活动过程。

综上所述,高校大学生事务管理是指高校和教育机构通过专门组织和专业人员依据相关法律法规以及我国高等教育目标,在大学生发展理论等相关理念指导下,运用专业知识和技能,合理配置教育、管理资源,协调处理大学生事务与学术事务,促进大学生全面发展的组织活动过程。

(2)我国高校大学生事务管理的内容

大学生事务管理的内容与高等教育的改革发展密切相关,其主要职责是为大学生提供一个既强调责任,又能让大学生自由成长的广阔空间,实现大学生自由而充分的发展。我国颁布实施的高等教育政策法规中,《普通高校学籍管理规定》《高校校园秩序管理若干规定》《关于进一步加强高校大学生宿舍管理的通知》《中国普通高校德育大纲》《中华人民共和国高等教育法》《关于国家助学贷款的管理规定(试行)》《普通高校大学生管理规定》及《高校大学生资助政策简介》等对当前大学生事务管理工作做了具体规定。

《普通高校大学生管理规定》对入学与注册,考核与成绩记载,转专业与转学,休学与复学、退学,毕业、结业与肄业等相关学籍管理部分,奖励与处分部分,校园秩序与课外活动部分作了明确规定;《普通高校德育大纲》中对德育教育(也即思想、政治和品德教育)目标、内容、原则、途径、考评和实施等部分作了详细规定;《高校大学生资助政策简介》对我国高校大学生资助体系作了全面细致的讲解,明确了资助标准、申请条件、申请发放和评审等相关事项,在制度层面上有力地保障了高校家庭经济困难大学生顺利入学并完成学业;《高校校园秩序管理若干规定》以及《关于进一步加强高校大学生宿舍管理的通知》中都对高校大学生住宿管理作了明确细致的规定,加强了对大学生宿舍以及对校园秩序的管理,为营造高等教育教学与学习氛围提供了制度保障。

按照现有颁布实施的高等教育政策法规,将我国高校大学生事务管理概括为以下五个方面:一是学籍管理类,即高校大学生的入学、注册、毕业、肄业、转专业、转学、休学、复学和退学等;二是奖励惩罚类,即对学习成绩优秀、日常表现良好的优秀集体和个人给予适当的表彰奖励,对违反校规校纪、造成严重影响的集体和个人给予相应的处罚,以便维护正常的校园秩序;三是社团管理类,鼓励大学生参加自己感兴趣的社团,让大学生在日常的社团活动中提升自身素质,实现个体的全面发展;四是教育指导类,即新生入学教育、日常思想政治教育、毕业生教育等,及时给大学生阶段性的教育指导,引导大学生健康发展;五是服务大学生类,即大学生住宿、就业指导与职业生涯规划、大学生资助、心理健康咨询、学习辅导等。

(3)基于大学生发展的我国高校大学生事务管理的特征

①以大学生发展为本

基于大学生发展的高校大学生事务管理是以大学生发展为本的,秉承大学生发展的理念，真正做到高校的教育、管理、服务从大学生发展的角度出发，从而促进大学生全面和谐、有个性的发展，实现高校大学生事务的管理育人宗旨。

第一，从大学生的发展出发。高校大学生事务管理不论在理论指导还是具体实践中都将大学生发展作为出发点。第二，促进大学生全面和谐发展。以大学生发展为本的高校大学生事务管理最终的目的是促进大学生的全面和谐发展，这是高校大学生事务管理在质的方面的体现。第三，全体大学生都获得发展。高校大学生事务管理面对的是全体大学生，我们要全面看待大学生，平等地为大学生提供教育和服务。促进全体大学生的发展是以大学生发展为本的高校大学生事务管理的量的表现。第四，尊重大学生个性发展。大学生作为独立的个体，其个性差异非常明显，以大学生发展为本的高校大学生事务管理尊重大学生的个性差异，针对大学生的个性提供不同的服务与指导，对待不同个性的大学生的管理方法也会因人而异。第五，大学生主动发展。基于大学生发展的高校大学生事务管理把大学生作为管理活动的核心，充分调动大学生的积极性和发掘其潜能，打造“以大学生发展为中心”的新模式，将教育人、引导人与关心人、服务人融为一体。

②以服务促发展

基于大学生发展的高校大学生事务管理打破了目前管理为主的现状，服务作为新的工作宗旨被单独提出，从大学生发展的角度出发，满足大学生合理的需求，给广大学生提供优质的、全方位的适应大学生发展需求的服务。全方位的服务涉及大学生的生活、学业、就业、课外活动、经济资助、健康与心理等咨询服务，同时也会根据时代与大学生发展的需求，及时注入新的服务内容，实现服务促进发展、发展引导服务的目的。另外，基于大学生发展的高校大学生事务管理具有科学合理的服务方式与方法。全方位的服务需要科学有效的方式方法来支撑。提供服务的方式不仅仅限于各种大学生服务咨询处的设立，而且还要在这个基础上挖掘隐性的服务方式，提供主动式的服务，渗透到大学生社团活动、大学生科技小组等，让大学生在活动中主动参与服务与管理。

③大学生事务管理法治化趋势明显

改革开放以来，我国陆续制定并实施了包括《中华人民共和国教育法》《中华人民共和国教师法》《中华人民共和国高等教育法》《普通高校大学生管理规定》在内的一系列教育法律法规，发布了《高校校园秩序管理若干规定》《关于进一步加强高校大学生宿舍管理的通知》《教育部关于加强依法治校工作的若干意见》等重要文件，初步形成了较为合理的教育政策法律法规体系。这些法律法规和文件涵盖了大学生事务管理的大多数方面，对于我国高校大学生管理工作具有重要的指导作用。

21世纪以来伴随着我国社会法治化建设进程的加快以及高等教育变革的加速，要求高校大学生管理工作法治化的呼声愈来愈高。高校大学生事务管理工作在实施的各个环节都需要遵循相应的法治精神和原则，依据具体的大学生管理制度体系，规范大学生事务管理权力运行机制，进而深入推进高校大学生事务管理法治化。高校大学生事务管理法治化是我国高校大学生事务管理工作适应法治社会深入推进、应对新时期大学生思想状况变化（特别是法律意识、权力意识、主体意识增强）的必然趋势，对于深化高等教育变革、推动依法治教与依法治校、提高大学生法律素养、促进大学生健康成长成才具有重要意义。

④大学生事务管理逐步专业化

基于大学生发展的高校大学生事务管理的重要特征之一就是要求大学生事务管理逐步专业化。在满足大学生需要的基础上逐步注重管理的专业化发展，使大学生事务管理在理念、内容和队伍建设等方面逐步实现专业化。理念上逐步用大学生发展的理念替换传统的"社会本位""高校本位"的理念，发挥理念的先导作用，为大学生事务管理提供更为专业的理念指导；逐步更新大学生事务管理的内容，在就业与创业指导、心理健康、大学生资助、生活服务等方面为大学生提供专业化的指导与帮助；队伍建设上逐步健全选拔聘用机制、职业化建设机制、培训机制、考核激励机制等。争取早日实现大学生事务管理的专业化，促进大学生的全面发展，为实现高等教育培养优秀人才目标作出更大贡献。

（二）高校大学生事务管理体制和机制的含义

1.体制的内涵

所谓“体制”，从管理学角度来说，指的是国家机关、企事业单位的机构设置、管理权限划分及其相应关系的制度，是指导人们如何完成任务的制度。简言之，体制就是处理问题的管理主体的组成和结构。

体制是根据问题的存在而存在的，不同的问题就需要不同的解决问题的制度，从而产生很多不同的体制，比如处理国防问题就需要有国防体制，处理教育问题就需要有教育体制，处理工业问题就需要有工业体制，处理农业问题就需要有农业体制等。

2.管理机制的内涵

机制最早源于希腊文，在《辞海》中的解释是：“机器的构造和工作原理；有机体的构造、功能和相互关系；泛指自然现象、社会现象的内部组织和运行变化的规律等。生物学和医学通过类比借用此词，指生物机体结构组成部分的相互关系，以及其间发生的各种变化过程的物理、化学性质和相互关系。现已广泛应用于自然现象和社会现象，指其内部组织和运行变化的规律。”机制的外延包括经济机制、市场机制、管理机制、企业运行机制等，我们在这里所要探讨的是管理机制。

管理机制是指管理系统的结构及其运行机理。管理机制以管理结构为基础和载体，它本质上是管理系统的内在联系、功能及运行原理，集中体现为系统内部的运行方式。

事物各个部分的存在是机制存在的前提，因为事物有各个部分的存在，就有一个如何协调各个部分之间关系的问题。而协调各个部分之间的关系一定是一种具体的运行方式。机制就是把事物各个部分联系起来，使它们协调运行而发挥作用的运作方式，而事物客观存在的各个部分即因素形成的结构状态就是体制。因此，机制是内容，体制是形式。机制决定体制，体制是为机制服务。但体制对机制有反作用，当体制适应机制时，促进机制的良性运行；当体制不适应机制时，就阻碍机制的运行。这种阻碍作用表现为两种情况:良好的机制不能实现;改变预期的机制运行方向而向另一方向运行。现实生活中,一些认为体制决定机制,正是就是看到体制阻碍作用的第二种情况。因此,在任何一个系统中,机制都起着基础性的、根本的作用。在理想状态下,有了良好的机制,甚至可以使一个社会系统接近于一个自适应系统——在外部条件发生不确定变化时,能自动地迅速作出反应,调整原定的策略和措施,实现优化目标。

管理机制根据其特点,可以划分为三种:①是行政——命令型的运行机制,即以计划、行政、命令的手段把各个部分运行起来;②是命令——服务式的运行机制,即以命令、监督、服务的方式去运行各部分;③是完全——服务式的运行机制,即以完全服务和指导的方式去运行各部分。

3. 大学生事务管理机制的内涵

高校大学生事务管理体制包括高校学生工作管理行政体制和高校内部大学生工作管理体制。其中,高校大学生工作管理行政体制是指高校组织、领导高校大学生工作的机构设置和权限划分。高校内部大学生工作管理体制是指国家组织、领导大学生工作管理的机构设置和权限划分。

高校大学生事务管理机制应当是高校大学生事务管理活动中各种因素相互之间如何运行,尤其是管理主体如何影响、作用于管理对象的方式、方法。

大学生事务管理体制主要是管理主体的权限划分,是管理主体与管理对象、管理工具、管理理念、管理目标等之间的静态关系,而大学生事务管理机制则是大学生事务管理中各种因素之间的相互作用、相互运动的动态过程和关系。大学生事务管理机制是内容、目的,大学生事务管理体制是形式,是为达成大学生事务管理机制的载体,由管理机制决定,又反作用于管理机制。

(三)大学生事务管理机制的功能

1. 体现管理理念的功能

大学生事务管理理念是大学生事务管理的指导思想、价值目标。但大学生事务管理的理念要得以体现的并不是通过体制。因为大学生事务管理体制仅是管理主体的设置与权限划分，是管理活动各种要素的静态关系，管理理念不能通过体制得以实现和体现。但大学生事务管理机制是管理活动各种因素之间运行的关系和动态过程，其以一定的管理理念为指导，又以管理理念实现为目标。管理理念是通过运动的过程来体现和实现的。因此，大学生事务管理的理念只有通过管理机制才能得以体现和实现。

2. 实现管理目标的功能

大学生事务管理是按照高校的培养目标对大学生进行人生观和价值观等思想政治教育，促进大学生全面发展和培养适合社会需要人才的工作。如果管理体制是配置管理活动各因素的话，管理机制则是各因素的相互作用和运行状态。因素的相互作用和运行才能发挥各因素的功能，最终实现管理目标。因此，高校大学生事务管理机制具有实现高校学生事务管理目标的功能。

3. 完善管理体制的功能

马克思主义唯物辩证法认为，内容决定形式，形式为内容服务，形式对内容又有反作用。大学生事务管理体制和管理机制的关系就是形式与内容的关系。大学生事务管理机制是内容，管理体制是形式。大学生事务管理机制决定了应当采用什么样的管理体制，管理体制应当为管理机制服务。但是，管理体制对管理机制又有反作用，可能促进，也可能阻碍管理机制的实现。当管理体制阻碍管理机制的运行时，应当变革、完善管理体制，以适应管理机制。实践上，从既有状态来说，大学生事务管理体制决定了大学生事务管理机制。但从变革的角度，则需要以大学生事务管理机制的定位来引导大学生事务管理体制的变革。因此，大学生事务管理机制可以促进管理体制的完善。

二、我国高校大学生事务管理机制的现状

在明确了大学生事务管理机制的内涵及其对实现管理目标、完善管理体制的重要意义后，需要考察我国现阶段高校大学生事务管理的现状。

如果说对高校大学生事务管理机制的性质及其功能的研究从理论上回答了高校大学生事务管理机制创新的必要性的话，那么，对我国高校大学生事务管理机制现状的考察就是要从实践上回答高校大学生事务管理机制创新的必要性。

（一）我国高校大学生事务管理机制的形成与发展

“大学生事务”这一概念在20世纪90年代后期才正式被中国高等教育界所认识和接受。但事实上，与其相关的管理内容早在20世纪20年代就已经在我国出现，并随着时代的变迁先后经历了大学生思想政治教育工作、大学生教育和大学生管理、大学生思想政治教育和德育、大学生工作和大学生事务四个阶段。在此过程中，大学生事务管理机制也在逐渐形成和发展。

从20世纪20年代到20世纪30年代，包括北京大学和清华大学在内的中国各类大学基本上都确立了学术自由、教授治校、大学生自治的制度。这一时期高校大学生事务管理基本采用民主自治的管理方式。

在20世纪70年代末80年代初，各高校相继设置了负责大学生思想政治教育工作的专门机构：党委青年部或称党委大学生部。20世纪80年代末，多数高校将原党委学生部与大学生处合并，成立了大学生工作部（处），管理机制仍然是采用的党委领导和负责的行政命令型机制。

20世纪90年代初，我国市场经济体制的确立，使高等教育的社会基础和实践基础发生了很大的变化，大学生事务管理机制变化不大，只是在管理方式上国内大部分高校的大学生工作采取了高校、院系二级管理，院系在高校的领导和宏观指导下开展工作。

21世纪，随着经济的全球化，大学生情况的变化，在学业以外，根据心理、贫困资助、就业指导等方面建立了各种服务中心，在原有行政命令机制中产生了横向管理机制的萌芽，但行政命令机制仍是主导性的管理机制。

（二）我国当前高校大学生事务管理机制的特点

中国的高校教育经历了“兴——废——立”的一个漫长的阶段，从计划经济年代到现在市场经济时代，在中国这个人口众多的国家，行政的力量发挥了很大的作用，作为国家整合手段的行政机制的重要特点就在于它服从和服务于中央自上而下的领导。我国高校大学生事务管理机制与此相同，是纵向的“命令机制”，即上级命令下级，管理主体命令管理对象，管理对象服从的机制。

首先，我国高校大学生事务管理机制行政化是植根于高校行政化基础之上的。“高等高校行政化”是指高等高校在整个构成和运作方面与行政机关在体制构成和管理机制上有着基本相同的属性，是按照行政体制结构和管理机制来建构和运行的。行政机关的体制结构和管理机制需要满足整个行政管理自上而下的统一性和行政权力行使的效率性。这就要求行政机关在体制结构和管理机制方面强调行政内部的上下服从关系：上级机关与下级机关是一种命令与服从的关系，下级机关必须严格执行上级机关的行政命令，行政工作人员必须严格执行本部门内上级的命令和指示。行政机关为了保证上级对下级的行政命令能够得到有效的执行，就必然要求有相应的组织形式和管理形式，有严格的行政等级差别。中华人民共和国成立以来的我国高等教育深受行政化影响，不仅在管理体制上先后经历了中央统一领导、中央与地方（省、自治区、直辖市）两级管理、中央与地方以及中心城市办学的三级体制，强调上级对下级的命令。而且高校作为管理主体要考虑社会影响和自身发展，以行政命令处理高校大学生管理事务，并完成既定教学任务，保证大学生毕业和就业，为目标制定规划和各种规章，大学生作为管理对象只能服从于既定的教学模式，只能在高校或者社会允许的范围内满足个人需求。因此，高校大学生事务管理机制也是行政命令机制，是上级对下级的命令和下级对上级的服从。

其次，我国大学生事务管理机制是以“社会为本”。当前，许多高校在院校两级体制下，高校层面专门成立了大学生工作部，由独立于教学系统之外的专门组织机构负责。在学院一级，有的设立大学生工作办公室，有的成立大学生工作领导小组，小组成员一般由系党总支副书记、副系主任、总支秘书和团总支书记等担任，系大学生工作领导小组接受校大学生工作委员会领导。工作上接受大学生工作部（处）的指导。高校大学生工作部命令院系大学生工作部，院系大学生工作部命令辅导员等大学生事务管理者，辅导员命令大学生，从而形成了层层命令与服从的机制。

这种机制过多地关注高校大学生事务管理的社会价值、工具价值，而对人的发展价值重视不够，其逻辑起点不是教育的需要，而是政治的需要。随着市场经济的发展和改革开放的要求，人的主体意识也逐渐增强，也提出了“以人为本”的理论导向，但是在实施上是僵化的，高校大学生工作处的行政职能对于大学生是实施教育、监督、管理，注重高校的安全和稳定，仍是“以社会为本”，强调管理主体在教育管理中的地位。

三、大学生事务管理机制的制约因素

高校大学生事务管理机制对于促进大学生发展和培养社会需要的人才具有重要意义，但我国高校当前的大学生事务管理机制存在诸多不足，这在理论上和实践上都要求我国高校大学生事务管理机制的创新。但高校大学生事务管理机制创新需要明确大学生事务管理机制的制约因素，这是机制创新的基础。因为高校大学生事务管理是系统性工程，是由管理主体、管理对象、管理内容、管理理念、管理目标、管理工具等要素综合作用的活动。

（一）管理理念指导作用和管理目标的引导作用

人的实践活动是受一定思想支配和有目的的，人由客观存在引发主观思想，又由主观思想见之于客观行动。因此，人的行为是自觉的行为。高校大学生事务管理活动也是实践活动，是受人的思想和目的支配的。其中，“思想”即管理理念作为高校大学生事务管理的价值准则，必然是管理机制建立的价值准则起指导作用，而“目的”最直接的就是管理目标，是高校大学生事务管理要达到的预期结果。由于管理机制是运行管理活动各因素以实现管理目标，因此，管理目标反过来引导管理机制的建立和完善。

从实践看，我国当前的高校大学生事务管理理念是强化行政命令，突出的是管理主体作为教育主体自上而下、绝对权威的信息灌输，采取由高校党委集中领导，院系、年级纵向管理，是一种行政管理。管理目标则是强化对大学生的控制和管束。我国高校大学生事务管理形成了管理主体与管理对象之间领导与被领导的主从隶属的命令机制。

因此，管理理念对管理机制有指导作用，管理目标对管理机制有引导作用。而当前，我国是开放的社会主义市场经济，社会格局发生了很大的变化：一是法治经济，它限定了政府的职能和权力。市场经济下，高校教育也是要受法律、行业规范的影响；二是市场经济培养了“天生的平等派”，市场经济不仅是一种资源配置的经济形式，而且是一种社会组织形式。这种社会组织形式是建立在“等价交换”的价值关系基础之上的，它提倡所有市场主体在从事交易时地位平等、公平竞争；三是市场经济培养了无数独立的经济主体和个体，使人们的独立自主的主体意识增强；四是市场经济将个别劳动转化成社会劳动，从而使人的生产能力和活动能力冲破狭窄的范围和孤立的地点向深度及广度扩展，服务社会和社会服务的观念逐渐形成。

高校大学生事务管理是思想政治教育工作。教育应当是一种自觉的、有目的地影响人的身心发展，把自然人转化为社会人的过程。因此，高校大学生事务管理要通过大学生事务管理，培养大学生具有正确的世界观、人生观、价值观，坚定的理想信念，健康的生活态度，良好的责任意识、道德观念和法律意识，促进大学生的全面发展，并使之成为“有理想、有道德、有文化、有纪律”的符合社会主流价值观规范的公民。这一管理目标引导高校大学生事务管理机制创新。

（二）高校与大学生关系的基础作用

高校大学生事务管理活动是管理主体对管理对象施加影响的活动及其过程，无论是管理理念，还是管理目标、管理工具等都是围绕管理主体与管理对象的关系展开的，是管理主体以管理理念为指导，运用一定的管理工具或手段，对管理对象施加影响，以实现管理目标。管理目标的实现最终体现为管理对象思想政治素质的提高。因此，高校大学生事务管理机制的基础是高校与大学生的关系。

而学界关于高校与大学生之间的关系的分析是多重的，既有民事法律关系的存在，也有行政法律关系的存在，还有混合型关系。所谓行政关系，是公民与行政主体之间因特别的行政义务而形成的权力服从关系，行政主体可以行使总括性支配权，对处在特别行政关系中的相对人发布命令，采取强制措施；民事关系则是依据法律法规条文或者双方签订合约进行的，高校可以自主地面向社会提供高等教育服务，公民也可以在符合某些条件的前提下自愿进入高校接受高等教育服务，双方完全基于平等、自愿的原则缔造高等教育服务合同，形成合同关系；混合型关系是指高校特别是综合性大学内部出现了不同层面上的不同的管理关系，在大学生管理层面上存在着行政法律关系，因为学生仍然是高校管理中的相对人，在教学管理层面上又存在着平等的教育契约关系，高校给予大学生一定的选课、选教师的自由。

不同关系决定了大学生事务管理机制也不同，比如在计划经济时代，我国高校与大学生之间就是一种单纯的特别行政关系，使得当时的大学生事务管理机制为命令型。国外的大学生事务管理机制在民事关系这种基础作用下，多以横向服务机制为主，而我国建设中国特色社会主义市场经济的今天，大学生在高校管理中的主体地位日益提高，大学生民主意识增强，倡导大学生进行“自我管理、自我教育、自我服务”，高校与大学生的关系逐渐朝混合关系发展，由此决定了大学生事务管理机制应当进行相应的变革。

（三）管理对象特点的选择作用

在大学生事务管理中，管理对象的核心是人，对组织中的“人”采取一定的管理措施和方法，则离不开对人的认识，而关于大学生的“人性假设”有诸多理论。

第一种理论假设大学生是“自我实现人”。认为人生来就是勤奋的，具有主动性、非消极的客体。如果没有不良条件的限制，运用体力和脑力从事学习和工作,如同游戏和休息一样自然。外来的控制和惩罚的威胁并不是促使人为实现组织目标而努力的唯一方法。人在达到自己所承诺的目标过程中,是能够自我约束、自我控制的。如果给以机会,大学生会自愿地把他们的个人目标与组织目标结合成一体。在这种人性假设下,管理对象自然有自觉意识和行为,因此,管理机制当然就是放任性的无为而治。

第二种理论假设大学生是“社会人”。认为大学生不仅仅是关心自己个人的物质利益,还会追求人与人之间的友情、安全感和集体归属感。高校里人与人之间的关系是决定大学生的学习努力程度的主要因素。因此,管理主体应当建立和谐的人际关系来促进教育和大学生学习的发展,从而决定大学生事务管理机制应当建立和谐的关系。

第三种理论假设大学生是“理性人”。认为大学生不但是有理性的,同时也是经济人,即能够认识并追求个人利益最大化的人。在寻求个体利益最大化的同时,这个人又受“无形之手”的影响,他所考虑的不是社会的利益,而是他自身的利益,由于理性人存在很大的自私利己性,受外界环境影响较大,需要有“有形之手”进行管控才能满足需求,因而决定的管理机制应当是命令型管理机制。

(四)管理主体素质的能动作用

高校大学生事务管理主体作为教育主体,应身先示范,他们的受教育水平,世界观、人生观、价值观的定位,品德品行,审美水平,自我认知和创新发展精神等素质不仅影响采取何种管理机制,而且决定了相应的管理机制能否得以正常运行。

管理主体的素质对管理机制实现的能力作用主要体现为:当管理主体素质适用管理机制的需要时,促进管理机制的实现;当管理主体素质不适用管理机制需要时,就阻碍管理机制的实现。阻碍作用表现为改变现有管理机制的方向而变成另一种管理机制,或者使现有管理机制不能顺利运行。

综上所述,影响机制创新的因素主要有管理理念、管理目标、管理主体、管理关系。管理主体与管理对象的关系是基础,其他各因素在管理主体与管理对象的基本关系中起着不同作用。管理主体与管理对象的关系、管理理念、管理目标、管理对象的特点是管理机制创新的决定因素,而管理主体素质等是管理机制创新的支撑因素。决定因素是决定采取何种管理机制的因素,支撑因素是确保管理机制实现的因素。

四、我国大学生事务管理机制的创新

高校大学生事务管理机制创新的决定因素是管理理念、管理目标、管理主体与管理对象的关系以及由此决定的管理工具。因此,借鉴发达国家的经验,我国高校大学生事务管理机制应当从管理理念、管理目标以及管理工具等方面进行创新,从而实现大学生事务管理机制的创新。

(一)我国高校大学生事务管理的理念创新

传统的大学生事务管理机制是一种强制性的纵向命令型管理机制。为培养21世纪所需的高品质的专门人才,需要改革传统机制,创建新型机制,以增强大学生管理工作的感召力和渗透力,首先就是进行管理的理念创新。所谓理念是一种思想意识,是指客观事物在人脑中留下概括印象。理念作为一种思想意识,对人的行为具有重要的影响作用。管理活动及其规律在管理者头脑中留下的一些概括性的思想意识就是管理理念。管理的价值理念是管理原理、原则和管理方法的思想升华,是指导人们管理活动的灵魂。

1. 确立以人为本的管理理念

在传统的高校管理价值理念上,突出的是管理者作为教育者自上而下、绝对权威的信息灌输,强调“以社会为本”的价值取向,强调高校大学生事务管理的社会价值和工具价值。现代的管理理念中,尊重人、依靠人、发展人、为了人成为重要的指导思想,并且高校大学生事务管理是以人为对象,是以马克思主义为指导,进行对人的研究和管理的科学,理应坚持以人为本,把以人为本的精神贯穿于高校大学生事务管理的内容和方法等各个方面,促进大学生的全面、健康发展。

高校大学生事务管理以人为本是一种把“人”作为管理的核心，作为组织最重要的资源，把组织内全体成员作为管理的主体，围绕如何充分利用和开发组织的人力资源，服务于组织内外的利益相关者，从而同时实现组织目标和成员个人目标的管理理论与实践，是高校大学生事务管理作为思想政治教育工作实现其内在价值（大学生全面发展）和社会价值、工具价值（社会需要）的统一。

2. 平等理念

平等是指人与人之间的关系和态度，是指人们在社会、政治、经济、法律等方面享有相等待遇；泛指地位平等：平等互利、男女平等、师生平等、同性平等。传统高校管理强调权威、强调上级和下级的关系，强调服从。随着人的主体意识增强，市场经济的等价交换概念促使人们需要享受平等。

高校大学生事务管理的平等理念就是师生之间人格平等，因而相互尊重，管理主体不能简单地以命令管理对象，而从平等理念指导下，引导、说服管理对象。管理对象也不简单地服从，而是可以根据自己的需要选择适合自己发展的服务。

3. 公平理念

公平是指按照一定的社会标准（法律、道德、政策等）、正当的秩序合理地待人处事，是制度、系统、重要活动的重要道德品质。公平理论又称社会比较理论，其基本要点是：人的工作积极性不仅与个人实际报酬多少有关，而且与人们对报酬的分配是否感到公平更为密切。

在大学生事务管理中，大学生需要在高校的这个群体中找到自己的社会认同感和成就感的，所以在学习生活中也需要公平，也就是自己所付出的努力能够得到相应的成绩和表彰。是否感到公平，所依据的就是付出与收获之间比较出来的相对报酬。当获得公平感受时，大学生就会心情舒畅，努力学习发展自己；当得到不公平感受时，大学生就会出现心理上的紧张、不安，从而使大学生采取行为以消除或减轻这种心理紧张状态。其所采取的具体行为如：试图改变其所得利益付出；有意无意曲解自己或他人的所得利益或付出；竭力改变他人的所得利益等。

大学生事务管理过程中必须坚持公平的理念，特别是涉及资助、表彰奖励、违纪处分、学业判定等方面，只有注重人的需要，亘视人的价值实现，公平地对待每一个大学生，才能形成大学生事务管理的合力和向心力。

4. 效率理念

效率是最有效地使用社会资源以满足人类的愿望和需要。效率是一切管理学最重要的目的，也是任何组织涉及必须考虑的原则之一。大学生事务管理的效率应在三个方面体现出来：一是机构运行高速；二是机构工作高质量；三是整个管理系统运转灵活高效。为了提高效率，重视专业分工尤为重要。效率会随着专业化程度的增强而提高，而控制管理的幅度，通常是以被指挥、监督的人数来表示的。

传统的高校大学生事务管理中，院校两级体制多重汇报的行政命令机制，使工作汇报繁复，管理多重，费时费力，现在国内高校的师生比大多超过了 1∶200 的比例，大学生事务管理陷入纯粹的行政管理，而其思想政治教育性质没有得到很好的体现。在借鉴国外追求效率的经验中，只有坚持效率理念，提高大学生事务管理运行效率，才能实现高校大学生事务管理的内在价值与社会价值、工具价值。

（二）高校大学生事务管理的目标创新

高校学生事务管理是思想政治教育工作，思想政治教育的内在价值就在于它是人存在发展的内在方式，是促进人的全面发展，思想教育工作又具有社会价值、工具价值。社会工具价值认为思想政治教育是指社会和社会群体用一定的思想观念、政治观点、道德规范对其成员施加有目的、有计划、有组织的影响，使他们形成符合一定社会或一定阶级所需要的思想品德的社会实践活动。大学生事务管理作为思想政治教育方式之一，其也应当以人的全面发展和社会的发展为目标。

1. 大学生发展的哲学观

大学生发展理论是把大学生作为主体进行研究的理论，决定着在大学生事务管理中管理体制和管理对象的关系。这一理论的基础是学生发展的哲学观。大学生发展哲学观是逐渐发展而来的。它包括了几个阶段:理性主义、人道主义、实用主义和存在主义。

理性主义产生于17—18世纪的欧洲,强调的是人的本性和知识的本性,主张人的本质在于他的理性特征,正是人类的智力和推理能力使人区别于动物。但理性主义认为教育的本质仅仅是智力的开发,否认大学生可以通过活动获得知识,忽视教育过程,不关心大学生的个性成长和个人发展等。当时的大学生事务应当为大学生的智力发展创建一个良好的氛围,大学生事务中的招生录取和转学记录只应当反映大学生的学业成绩和学术行为。大学生宿舍的管理和活动必须有助于大学生的智力发展,大学生的课外文化体育活动对于大学生的教育没有太多的帮助,咨询和就业指导服务对大学生的智力发展也没有直接的帮助,所以也就没有任何意义,可见,对大学生所进行的"父母替代制"的管理和教育恰好在逻辑上符合理性主义的思想。

人道主义在18世纪随着人文主义教育思想的广泛传播而形成。人道主义认为教育是一项培养人的实惠事业,一切教育活动都是围绕人并且是为了人展开的,人是教育的核心。基于这一思想,高等教育除了开发智力以外,还应当有意识地去开发大学生个性的许多其他方面,应当满足大学生在智力、身体和精神各方面的需求。这些活动应当由专职大学生事务管理人员负责,以便让大学生有充分的时间进行学术学习。

实用主义产生于19世纪70年代,实用主义的特点在于把实证主义功利化,强调生活、行动和效果,它把经验和目的归结为行动的效果,把知识归结为行动的工具,把真理归结为有用、效用或行动的成功。实用主义认为,教育使人类理性和感情状态的和谐,高等教育的课程应当为从理论到实践的应用提供条件。实用主义强调"完整"大学生的全面和创造性发展,鼓励大学生利用实践进行学习并且应用知识去寻找问题的答案,为大学生提供机会应用知识去处理一些现实问题。

存在主义是现代国外教育思想的一个流派,产生于第一次世界大战后的德国，后在第二次大战后在整个资本主义世界广泛流行。存在主义以主观性为第一原理，认为人的存在或者纯粹的自我意识限于本质，把个人作为教育的主体，把在发现自我境遇中进行个人的自由发展作为教育的基本目标；在道德教育上，它否认统一的道德标准，否认道德标准的阶级性，主张让大学生自由选择道德标准，它认为知识的真实性要看他对个人主观的价值，教学应把个人主观性作为出发点。在高等教育方面，存在主义认为大学生对学习和自身发展负有责任。

从以上的介绍可以看出，个人或教育机构所接受的哲学思想不仅直接影响教育思想，而且还对大学生事务管理有很大影响，最终必然影响大学生的发展。大学生事务管理的哲学基础决定了大学生事务管理的结构组成、功能和所应采取的工作方式和方法。

2. 中国大学生发展的教育观

中国大学生事务管理起步较晚，是在借鉴国外高等教育思想的基础上发展的。中国大学生发展的教育观包括三方面：全面发展、素质教育、和谐发展。

全面发展，就是人以一种全面的方式，也就是说，作为一个完善的人占有自己的全面本质，而人的本质并不是单个人所固有的抽象物，在其现实基础上，他是一切社会关系的总和。由此，我们得出人的全面发展应包括：人的活动的全面发展、人的社会关系的全面丰富、人的素质的全面提高和个性的自由发展。

素质教育是指从培养有理想、有道德、有文化、有纪律的社会主义接班人出发，以全面培养受教育者高尚的道德情操、丰富的科学文化知识、良好的身体和心理素质、较强的时间和动手能力以及健康的个性为宗旨，让大学生学会做人、学会劳动、学会健体、学会审美，是大学生德智体美劳方面得到全面协调发展的教育方针和教育活动。

和谐发展，包括和谐与发展，也就是说，和谐作为一种哲学理念和社会追求，可以用于指导社会生产活动，同样可以指导大学生发展理念。一方面是大学生身心的和谐发展，另一方面是大学生自身与周围环境和社会的和谐发展。

高等教育的目标是促进大学生的全面发展和培养社会需要的人才。高校的一切活动和资源都应当以实现这一目标为目标。因此,高校大学生事务管理作为高校重要思想政治教育活动之一,也应当以大学生的全面发展和社会需要为目标。其中大学生的全面发展是高校大学生事务管理的内在价值,社会需要是大学生事务管理的社会工具价值,二者统一才是高校大学生事务管理的本质。

我国传统的高校大学生事务管理以培养社会所需要的人才为目标,并且将此目标与大学生全面发展对立,因此决定了其管理机制的命令式。今天,应当以大学生全面发展和社会需要统一为目标,决定了高校大学生事务管理机制不同于单纯的命令型。

(三)高校与大学生关系及管理工具创新

1. 当前我国高校大学生事务管理工具——命令与服务

民事关系是平等的关系,任何一方不能强制另一方,而只能遵循自愿的原则进行交易。现今的社会主义市场经济,其实是一种商品经济,有商品存在,就有等价交换,社会和高校提供服务,大学生付出金钱就应该享受服务,既然是服务,就不能是强制的,是大学生作为主体自由地选择接受何种服务,在享受服务的过程中享受公平和平等,以达到大学生发展的目标。由此决定了大学生事务管理工具应当是服务与接受服务,大学生与高校的关系应当是民事关系。

我国高校的大学生与高校的关系现阶段不能是完全的民事平等关系,而应当有一定的行政管理关系。行政管理关系是纵向的关系,管理主体具有强制管理对象服从的力量。

民事关系决定了高校大学生事务管理工具是服务与接受服务,行政管理关系决定了高校大学生事务管理工具是命令与服从。现阶段服务、命令适用的分界线是法律。一般而言,法律所规定的大学生的民事权利和义务可以用服务方式进行管理(心理咨询、医疗服务、生活住宿等),而对法律没有规定的和除民事法律规定以外的行为或活动,则可以用命令方式进行管理(安全保障、文体活动、评优奖励等)。随着社会发展和大学生自律、自治意识的能力等的提高,应当逐渐扩大服务领域,缩小命令适用的范围。因此,现阶段我国高校大学生事务管理应当是以命令为主导的命令—服务的管理方式逐渐向服务主导的服务—命令的管理方式发展。如果说服务是横向方式的话,那么命令就是纵向方式。因此,当前的命令—服务管理方式可以称之为纵横统一的管理方式。

2.我国高校大学生事务管理工具的发展趋势——服务与接受服务

随着社会主义市场经济的发展,社会需要大学生成为能够服务社会的自我实现人。同时我国高等教育的目的是要让大学生成为完善的人,而一个完善的人应当是市民社会中的能够严格自律、愿意承担社会责任的人,而完全服务的机制从整体上将社会纳入了高校大学生教育的过程中,拉近了大学生与社会的距离,大学生事务管理机构的社会化程度,将大学生塑造为社会人的时间提前。高校与大学生关系不再是行政关系,应是完全的民事关系。各类大学生服务机构或者中心所提供的产品就是针对大学生的各种服务,例如食宿、打工、文化、就业等社会需求。这种商业性质的服务提高了服务质量,对于大学生而言,有了更多的余地,可以充分提升自我管理的意识和提高自我服务的能力。因此,高校大学生事务管理机制的发展趋势是完全的服务机制。完全的服务机制实质是以市场经济的法制为标准的机制。

综上所述,在以人为本、平等、公平、效率理念指导下,在大学生全面发展和社会需要目标的引导下,当前应当以混合关系为基础,以命令与服务作为管理工具,建立和完善适用当前中国国情的命令与服务结合型管理机制。随着社会发展,为实现大学生全面发展目标,应当逐渐建立完全的民事关系,以服务与接受服务为管理工具,建立和完善完全服务型管理机制。

(四)大学生事务管理机制实现条件的保障创新

高校大学生事务管理机制的保障性因素有管理体制、管理主体素质等,高校大学生事务管理的纵横统一机制,尤其是未来的服务与接受服务机制的实现条件需要有相应的保障创新。

1. 高校大学生事务管理的体制保障

高校大学生事务管理体制是大学生事务管理机制实现的载体和保障。要实现命令与服务结合型管理机制和完全服务型管理机制,必须变革现有管理体制,建立新的管理体制。

构建大学生事务管理体制需要明确三个原则:第一个原则是严格管理制度,依法治校;第二个原则是以人为本,构建特色文化;第三个原则是弹性管理,保障大学生权益。因此,高校体制改革应有两个方面的内容:

第一,大学生事务管理工作机构扁平化,高校、学院、大学生、社会全部参加到大学生事务管理的工作中来,在校内与大学生有关的工作全部纳入大学生事务管理中心,高校主要监管学术事务工作,同时设立大学生事务管理监督组织,负责对大学生事务管理工作的协调和监督,社会提供高校无法提供的更好的服务直接面对大学生,成立的大学生事务管理机构成为一种行业,有一定的行业规范,与高校既是合作又是竞争的关系,从而促进校内校外服务更专业化、高效化的发展。

第二,大学生事务管理工作目标明确:一是管事和理人要分清,坚持以人为本的观念;二是建立高校直接面对大学生的新的大学生管理组织模式,对不同大学生的特点做针对性的管理和服务工作,避免大学生事务管理的泛化;三是以法律为标准,营造依法治校环境,培养大学生的法律意识和自主、自治能力;四是深入提炼高校发展的思路,严格遵循高校发展的目标,积淀高校的文化特色,打造高校的个性发展前景。

2. 高校大学生事务管理主体素质保障

高校管理主体素质对管理机制具有能动作用,而命令与服务结合型管理机制和完全服务型管理机制对高校大学生事务管理者的素质提出了更高要求。新的服务机制的建立,将使管理观念、管理制度、管理方式、学习观念均发生变化,大学生的主体地位不断被强化,学分制不断完善,而现代的学习观是全方位的学习观,是学做人,学思维。教师的职责就是教大学生如何做人做事，学会自己思考。这对管理主体的素质提出了高尚品格、高学历、创新意识及全面管理统筹能力等的要求，具体为以下几个方面：

首先是管理主体的专业化。管理主体应该具备的职业素养和职业技能，就像律师、医生等专业化的职业一样。高校大学生事务管理一个多门知识和技能综合又自成专业体系的社会职业岗位，这要求高校大学生事务管理者至少应当具有硕士以上学位，有心理学、人才学、管理学、法学、伦理学、政治学、历史学、社会学等方面的专业知识和技能，并有自觉的思想政治工作意识，才能为大学生提供专家化的服务。

其次是职业化。职业是人们为了获取物质报酬而从事的连续性社会活动，指人们从事的相对稳定的、有收入的、专门类别的工作。职业化与专业不尽相同，职业化是确定一个职业的专业性质和发展状态处于什么情况和水平，侧重于职业专业化程度的社会认同和制度确认。为此，必须要有科学的管理机制，建立健全队伍主要是辅导员的选聘、发展、考评等工作机制。

再次是加强科研。高校思想政治教育的受教育者是有独立思想，日益社会化的群体，他们崇尚科学，崇尚理性，因此，思想政治教育科研是思想政治教育教学质量的决定性因素，没有科研或科研工作不深入，就没有科学、理性的教学。高校思想政治教育科研应当服务于教学、服务于大学生、服务于社会，确立三个方向：一是为教学服务的科研．从教学中发现问题，深入研究，再融入到教学中乃至重要学科理论、教学方式方法的研究；二是与大学生发展紧密相连的科研，如大学生的心理健康、成才、创业人格、人际关系、友谊与爱情、法律意识与法治观念等问题；三是为社会服务的科研，思想政治教育科学研究也必须服务于社会，必须关心社会现实问题。高校大学生事务管理主体通过上述科研活动，将社会、个人全面发展所需要的最新研究成果内化为自身的工作素质，从而提升自身事务管理的能力。

3. 高校大学生权益的保障

命令与服务结合型管理机制一定程度上体现了对大学生事务管理对象——大学生主体地位的尊重。完全服务型管理机制更完全地将大学生作为主体。因此，命令与服务结合型管理机制和完全服务型管理机制的实现的重要理念之一就是尊重大学生权益。

一般来说，大学生的权利既包括生而为人的基本人权，又包括作为大学生身份所享有的法律规定的求学者所享有的权利，这是作为人和作为大学生所必需的、基本的、不可剥夺的权利。

保障大学生权益首先要健全法律法规体系。我国虽然已经制定了一系列法律法规来规范高校的办学行为，但是对于大学生权利保障方面的法律法规尚待健全或细化，为了规范大学生主体的行为，规范大学生管理和保障大学生的合法权益，很有必要制定大学生特别法。加强“大学生法”的研究和制定，把大学生的权利与义务、管理与奖惩等一系列问题以法律形式加以规范，这样不仅仅是对大学生权利的尊重和保障，更是对依法治校的促进和加强。

其次，要培养大学生主人翁的权利参与意识。大学生作为自身权利保障的主体，应该对自己的权利有充分的认识并自觉维护。大学生从自身的角度需要树立权利意识，积极争取权利保障的实现。大学生应树立主人翁的意识，积极参与到高校大学生事务管理中去，充分行使监督权、建议权。在与大学生权益相关的重要的大学生事务管理中，实行由大学生参与的评议制度、听证制定。

再次，要建立和完善社会保障。社会保障包括社会支持和家庭支持两方面，大学生事务管理立足于社会发展的大背景，大学生权利的保障和实现离不开社会保障。社会支持体现在支持和依法监督教育事业方面，社会支持主要是在公共文化设施及场所上对大学生进行优惠，为大学生实习和社会实践提供帮助，如各种社会捐资助学等。在社会监督方面，《宪法》《教育法》《高等教育法》都规定了社会参与高校管理和监督的权利。家庭支持指的是大学生家庭对子女承担着养育的社会责任，俗语说

“父母是孩子的第一任老师”，大学生不仅仅在经济上依赖于家庭，在情感和心理上往往对家庭也有一定的依赖性，因而家庭也是大学生权利保障的主体之一。家长参与到高校的大学生事务管理，能更好地发挥对高校管理的监督作用。高校应完善家长参与机制、制定规章，明确家长的职责。

最后，要建立和完善环境保障。为大学生的全面发展和健康成才创造一流的校园环境是大学生事务管理得以顺利开展的良好保障。所谓环境，就是一种文化。其一是校园自然环境的优化能够折射出她的历史和文化积淀，大学生通过对校园物质文化景观的解读，从而获得其中的教育意义，形成自己的观念和思想。其二是各种教学和生活设施功能的完备，要求教学规模适中；报告厅种类繁多，功能完备；生活场所理想舒适，功能多样化；实验设施先进齐备，便于操作；图书馆服务周到细致；大学生健康中心与校外社会医疗机构有效对接；校园网络方便迅捷等。根据需求的不同随时进行调整，同时，为整合服务资源、提高服务效率，高校大学生事务管理还可建立“一站式服务中心”。其三是管理环境的支持，除了大学生部（处）等思想政治教育和日常事务管理机构外，在大学生事务管理中还有一些常设性机构促进大学生的全面发展服务，如大学生听证委员会，高校对违纪大学生的处理时所设定的保障大学生权益的机构；申诉处理委员会，受理申诉人的申诉等。

大学生事务管理机制具有体现管理理念、实现管理目标和完善管理体制的功能，对于促进大学生全面发展和培养社会需要人才具有重要意义，但是我国当前的高校大学生事务管理机制以命令为特点，存在管理理念行政命令化、管理对象客体化、管理内容日常化、管理工具命令化、管理目标控制化的不足，不能适应培养目标大学生全面发展的需要。因此，我国高校大学生事务管理机制应当进行创新。

而制约高校大学生事务管理机制的因素除了有管理理念、管理目标、管理主体与管理对象的关系、管理对象的特点等决定性因素外，还有管理主体素质、管理体制等支撑性因素。以此分析国外的高校大学生事务管理机制，其主要是横向机制为主，并有其特定的适用条件。因此，借鉴发达国家的经验，应当建立适合中国国情的具有中国特色的命令与服务结合型管理机制，并向完全服务型管理机制发展，而命令与服务结合型管理机制，以及服务与接受服务型管理机制的实现需要完善高校大学生事务管理体制，建设高素质的管理主体队伍，强化对大学生权益的保护等。

第二节　高校大学生管理工作的策略

一、创新高校大学生管理工作理念

大学生管理工作理念是高校大学生管理工作的指导思想。在高校树立育人的科学发展观，其核心就在于坚持以大学生为本，确立以人为本的大学生管理工作理念，彰显对人的关怀。大学生管理工作作为高校管理工作的重要组成部分，必须在理念上有所提升、拓展和创新，用先进的新理念指导实践，来开发大学生潜能，陶冶大学生情操，提高大学生素质，促进大学生的个性发展和全面提升。

（一）树立以大学生为本的理念，由管理为主转向以服务为主

“以人为本”就是坚持人的自然属性、社会属性、精神属性的辩证统一，是体现人文关怀的一种哲学观，是以人为核心，以人为基础，以促进人的全面发展为最终目的，满足人的生存、安全、健康等自然需要，满足人的民主权利公平公正要求、价值实现、精神文化等社会需要，关心人、尊重人、爱护人、解放人、发展人，追求对人本身的关照、关怀以及人身心的全面协调发展。

把“以人为本”的理念具体落实到高校大学生管理工作中就是“以大学生为本”。只有在以大学生为本的理念的指导下，高校大学生管理工作者才能把目光清醒地投注人类命运的终极关怀，努力改变被工作异化的状态，在活动中充分展示自我主体性，并与他人一起共同营建一种和谐共进全面发展的生存状态。高校大学生管理工作是以大学生为本的事业，

人文关怀是其核心。彰显人文关怀，高校大学生管理工作就一定要更重人情味，在工作中服务、尊重、关心、培养、激励大学生，围绕着大学生成长和成才，把促进大学生全面发展作为大学生管理工作的根本目的。

（二）树立民主理念，给大学生充分的自我管理机会

民主是一个历史范畴，但民主所蕴含的价值准则，如自由平等、权利与义务的统一等在高校大学生管理中具有普遍适用性。高校的总体目标是培养合格的社会主义事业建设者和接班人。高校大学生管理的一切工作都必须服从于高校的总体目标，把“育人”作为工作的重要目标。随着社会的发展，一方面，大学生要求平等参与涉及自身利益的事情的管理愿望越来越强烈，我们必须强化大学生管理工作中的民主观念，彰显人文管理精神；另一方面，彻底改变高校大学生管理工作“行政化”“机关化”的倾向，以实现大学生管理向“市场化”的转变，要求高校放低姿态，根据大学生们的思想、心理、特征等建立起良好的氛围和行之有效的育人方法，从各方面为大学生提供服务。

因此在教育管理的过程中，要充分贯彻民主原则，积极发挥主体能动性，切切实实把大学生当作自我素质提高的主人，逐步改变消极被动的教育管理方式，加强“自主化管理”。所谓“自主化管理”是指在大学生管理人员和专业教师的指导下，大学生自我教育、自我管理、自我服务和自我发展的教育管理模式。其核心是关注人的发展，营造一种宽松和谐的民主氛围，充分调动大学生的主动性、积极性和创造性，培养大学生的创新精神和实践能力。

（三）树立法制理念，增强大学生管理工作中遵纪守法的意识

在大学生管理工作中，强化法制观念就是要充分尊重和保护大学生的合法权利。近年来，有关大学生管理的法律纠纷迭起，凸显了在大学生管理工作中强化法制观念的重要性和紧迫性。我国宪法规定，每个公民都有接受教育的义务和权利。在这个法律关系中，大学生是权利主体，高校是义务主体，高校代表政府来满足公民受教育权利的要求，高校无权随意剥夺公民受教育的权利，尤其是在高校，大学生缴费上学，高校与大学

生之间存在着一种事实上的“合同”关系。虽然高校的收费远不能满足全部培养大学生的支出，但是双方的民事法律关系的基本性质是存在的。这种法律关系在法理上双方法律主体地位是平等的，大学生有合法的“请求权”、正当的“选择权”、合理的“知情权”。传统的行政式管理模式在一定程度上已经无法适应当前高等教育发展的新形势，必须强化法制观念，切实保障大学生的权利。

二、进一步完善当前高校大学生管理体制

当前我国高校大学生管理的基本体制是以高校管理为主、大学生自主管理为辅，党政合一、条块结合、以条为主，专兼职人员共同参与。在党政合一的大学生工作管理体制中，教育行政导向明显领导着高校大学生管理工作。具体来讲，各高校在高校一级成立由校党委和校行政领导下的大学生工作委员会，大学生处为其日常办事机构，承担高校大学生管理工作的主要任务，是高校大学生管理工作中最为主要和重要的管理部门，承担大部分大学生事务管理工作。校团委作为另一个相对重要的大学生管理工作部门，主要承担大学生校园文化、课外活动、社会实践和大学生科研活动等方面的组织和管理。大学生管理工作的其他职能由相应部门分别实施，在学院一级，大学生管理工作由党总支副书记对整个大学生管理工作负领导责任，学院设立大学生工作办公室，它在业务上同时受校大学生处和院大学生工作领导小组的双重领导。各班配备辅导员或班主任，他们直接面对大学生，具体负责大学生的日常思想教育和管理工作。这样，整个高校大学生管理工作形成条块结合、两级运行的大学生工作网络和运行机制。

这种传统的大学生管理工作机制基本上适应了高校大学生管理工作的需要，但随着学分制的实施和高校后勤社会化等改革的不断深入，这种机制也面临着新的挑战，必须不断完善。

（一）建立科学、规范、合法、完善的大学生管理制度

实现大学生管理法制化是社会主义市场经济的要求，依法治校、依法

对大学生进行教育和管理是高等教育的任务，也是高校大学生管理的指导思想，因此，建立科学、规范、合法、完整的大学生工作规章制度是大学生管理工作顺利开展的前提和保障。高校应按照国家有关法律规定，依据教育部《普通高校大学生管理规定》，在充分尊重大学生应履行的义务和应享有的权利的基础上，结合本校实际情况制定大学生管理规章制度，并以此规范大学生的行为，依法行使有效的管理，使高校大学生管理工作做到有法可依，有章可循。

（二）建立科学、高效的大学生管理工作体制

大学生管理工作在高校教育工作中具有专门和独立的地位，因此在大学生管理工作方面必须实现专门化的领导体制，要将兼职部门分管的所有大学生事务都划归大学生管理工作的管理系统，当前高校中与大学生管理有关的管理职能要进行分化和整合，实现大学生处和相关部门的有机重组，形成功能专一的新机构，建立直属大学生工作副校长领导的多个中心和办公室，开展各项管理工作。

根据高校大学生管理工作所涉及的内容性质，可以将大学生管理分为教育型职能、管理型职能和服务型职能三大类：教育型职能是大学生管理的根本职能，主要是指大学生思想政治教育工作，通过各种形式的教育活动，使大学生在政治素质、思想道德素质、文化素质及心理素质等方面达到一定的水平；管理型职能是大学生管理的必要职能，主要指开展各种日常的大学生管理工作；服务型职能是大学生管理的基础职能，主要是指根据大学生个人发展需求开展有针对性和个性化的服务工作。根据工作需要重新整合，建立科学、高效率的大学生管理工作系统，对于应对当前的新形势有着重要意义。

（三）建立多方合作、齐抓共管的协调机制

“系统管理”是指系统运行中对系统的指挥、协调、监督、控制与评价，即根据运用与维护的实践对系统做出实际评价，研究系统的改善。任何管理都是对系统的管理，没有系统，也就没有管理。高校大学生管理工作是一个大系统，系统化就是从整体上构建大学生管理的系统模型和综合

模块，把大学生管理作为一个集学习机制、竞争机制、奖惩机制、决策机制、评估机制和反馈机制等于一体的动态过程。

因此，高校大学生管理工作的开展不能孤立地进行，不能把它与高校的其他教育、教学工作人为割裂开来，也不能与其他部门、其他系统分离开来。这就要求我们在高校大学生管理工作机制的设计上，牢固确立系统论的观点，加强部门之间的协作和整合，同时还要加强师生之间、同学之间的讨论、交流、合作，不断增强高校大学生管理工作的成效。

高校的大学生管理工作是一个多序列、多层次、多因素的不确定动态过程，影响大学生管理工作的随机因素非常多，我们必须树立系统管理的理念，按照科学管理的原则、程序和方法建立一个系统，把大学生管理工作中的人、财、物等诸方面的因素，各个层次，各个环节，科学地组织起来，分工协作、互相配合，形成一个有机的整体，最大限度地发挥每个系统的作用，以保证大学生管理教育工作的协调、高效和最优化。

（四）建立责权利统一的大学生公寓管理模式

当前大学生管理工作条块结合的机制需要庞大的大学生管理工作干部队伍，特别是随着高校规模的不断扩大，院级基层组织逐渐增多，从而导致校级管理幅度增大，不利于指挥和领导，大学生管理工作专职人员的存在是高校内部人事改革的一大难点，这些人的出路也是困扰高校领导的一大难题。另外，现行校级管理负责全校大学生管理工作，院级大学生管理工作按要求是在校级领导下进行，但是院级专职人员的人事权却在院里，这就形成高校管事不管人，从而影响工作的效能。

当前有的高校正在尝试建立责权利统一的大学生公寓管理模式，这无疑是一个较好的出路，可以很好地解决以上问题。以大学生居住的公寓为基本单位开展大学生管理工作，可以在一定程度上由高校职能部门直接领导控制大学生管理工作队伍，专职人员归统一指挥，工作容易统筹安排，大学生管理工作人员的素质也会受到应有的重视。

（五）健全高校大学生管理工作评价体系

高校大学生管理评价制度必须植根于一定的伦理精神和价值信念。

高校是以人才培养为己任的，而人才的标准是多样的。大学生接受高等教育的目的不仅仅在于知识的积累，更重要的是个人修养品质的形成和个性特点的发展，提高综合素质，因此要给予大学生足够的自由发展的空间。当前高校大学生管理工作评价体系侧重于大学生学习成绩指标，但在完全学分制的背景下，大学生选课复杂多变，使现行大学生评价体系失去了可比性，以班级和年级为大学生评价基层单位失去了可操作性，必然导致大学生奖惩措施失去应有的激励作用。

三、拓展高校大学生管理工作途径

在大学生管理工作中，要坚持以科学发展观为统领，充分认识加强高校大学生管理工作的重要性和紧迫性，选准工作突破口，找准落脚点，高扬时代主旋律，把握形势新变化，努力拓展大学生管理工作的新阵地，积极探索大学生管理工作的新途径和新方法。

（一）加强理论学习和实践培训，拓展思想教育平台

思想教育是大学生管理工作的基础和先导，只有紧紧抓住“育人”这个中心，坚持贴近现实生活、贴近大学生，突出重点，才能把思想教育工作做深、做细、做实，才能更好地发挥大学生管理的育人功能。传统的思想政治教育在一定程度上否认了大学生的主体地位和道德发展的主体性，单纯采用灌输的方法，传授单一的固定的内容以达到禁锢或封闭大学生头脑的目的，这显然不能适应当今形势的发展。

高校大学生思想教育应包括理想信念教育、爱国主义教育和基本道德规范教育等，这些内容对于武装大学生的头脑，特别是在多元价值背景下增强大学生是非辨别能力具有重要的意义。在思想教育方法上，应坚持知行统一，摒弃以往单纯重视说教的做法，积极开展道德实践活动，如义工志愿者活动等，把道德实践活动融入大学生学习生活之中。

（二）加强高校网络建设，搭建网络引导平台

随着计算机和互联网络的普及，互联网不仅为人们提供了一个极其便利的交际工具，也成为高校大学生管理工作的一个新的重要阵地，大学生上网的条件大大改善。在大学生管理工作中，要充分利用因特网生动

直观、交流互动、时空无限、联系便捷等特点，及时准确地了解大学生的思想动态，因势利导开展工作，从而实现大学生管理工作的科技化、信息化和网络化，开辟高校大学生管理工作的新空间。

利用网络开展教育、管理和服务工作，可以克服时空的局限，解决学分制实施给传统的大学生管理工作模式带来的不便和冲击。高校可以在网上开设理论学习、时事政策、心理咨询、生活服务等多种栏目，通过网络及时了解大学生真实的思想动态和他们关心的热点问题，以收集教育对象的相关信息，便于及时沟通、交流和指导。

对于辅导员、班主任工作而言，由于选课制的实行，其主要工作不再局限于晚上、双休日等大学生的课余时间，而是全天随时都有大学生上课和休息，大学生管理工作的难度进一步增大。通过网络设立辅导员邮箱、班级论坛等，进行个别事务的处理和心理辅导，可以很好地克服时空的障碍，拉近管理者与被管理者的心理距离，产生良好的效果。

（三）加强高校法治建设，构建和谐的育人环境

随着社会法治化进程的加快，高校要转变观念，树立法治精神和维权意识，真正做到依法治校。在大学生管理工作中，要注意尊重和保护大学生权利，对高校管理行为要进行必要的限制。

首先，要大力加强大学生的法律意识教育，使它贯穿于大学生的整个学习阶段，为大学生打下牢固的法律基础，养成良好的学法、守法习惯，为他们毕业后步入社会发挥引导和示范作用，为推进整个社会法治化建设进程创造有利条件。

其次，要依法修订完善高校有关大学生管理的规章制度。“依法治校”中的“法”主要是指《教育法》《高等教育法》等一系列的法律、条例。大学生基本上已经是成年人，具有完全的民事行为能力，高校在修订完善大学生管理规章制度时应当以上述法律法规为基础和主要依据，同时更要兼顾到大学生作为国家公民应当享有的宪法赋予的其他权利。国家的有关法律法规大多数是原则性条款，需要高校在执行过程中细化，而细化的原则既要考虑高校管理大学生的需要，又要不违反国家法律赋予公民的权利。

最后，要规范大学生违纪处理程序。对违纪大学生的处理不仅要实体上合法，而且要程序合法，避免大学生管理工作运行中的无序性、随意性和偶然性。处分前应加大宣传力度，使大学生熟知有关规章制度。处分过程中，高校在对违纪大学生做出处分决定之前，要通过口头或书面的形式告知大学生进行处分的事实和依据，听取大学生的陈述、申辩和质疑。处分后高校要成立由高校负责人、教师代表和大学生代表组成的大学生申诉处理委员会，专门受理大学生对处分决定不服而提出的申诉，并制定相应的大学生申诉处理办法，尽量减少诉诸法律途径解决问题。

（四）加强高校心理辅导工作，及时解决心理问题

随着我国社会的发展，高校大学生学习、生活、就业压力不断加大，激烈的社会变革给大学生的心理也造成了较大的冲击，大学生的心理健康问题成了社会各方面需要关注的紧迫问题。心理健康是人类健康的基础。重视和加强高校大学生的心理健康教育，既是时代对人才提出的基本要求，也是建设和谐校园的责任和义务。加强高校大学生管理工作必须充分发挥心理辅导的作用，不断提高大学生的心理素质，培养健康的个性心理品质、较强的心理调适能力和适应社会能力，从而帮助大学生实现健康和谐发展。

以人为本的高校大学生管理工作有必要成立和完善心理咨询中心，建立心理咨询教育机制，配置专门的专业人员，组织开展大学生心理健康教育，提高大学生心理素质，开展各种形式的心理教育，帮助大学生进行自我心理调适，解决心理困惑和压力，帮助大学生形成坚强、稳定、健康的心理态度，同时要加强大学生对集体的情感适应、认同与责任心，树立在人际交往和竞争环境中的自信心，培养学科专业兴趣，正确地审视对待自己，客观地评价他人，提高大学生的自我意识水平和自律能力，针对性地帮助大学生处理好学习成才、就业择业、人际交往、健康生活等方面的具体问题，特别是要做好高校贫困家庭大学生资助和引导工作、毕业生就业服务指导工作、大学生管理和服务工作，以缓解来自经济、就业、学习和生活等方面的压力，使其以完善的人格、健康的心态走向社会。

（五）加强大学生社团建设，提高大学生自我管理服务能力

现代管理学研究表明，参与管理作为一种“赏识”手段，能充分满足群

体成员的归属需要和成就感，并能增强个体成员对整个群体的责任意识，有助于管理的科学化、民主化和效率化。以人为本的高校大学生管理工作必定是民主的，大学生的参与管理是民主管理的前提和必要条件，积极推行参与式管理，鼓励大学生参与高校管理，发挥大学生的积极性和聪明才智，对于人才培养有着重要的意义。

21世纪是一个知识和信息高速发展的时代，只有具有开拓创新和独立自主素质的人才，才能在竞争中脱颖而出，立于不败之地。要培养出具有开拓创新和独立自主素质的人才，就必须重视培养大学生的主体性。

高校大学生社团为大学生个性的发展、综合素质的提高提供了良好的舞台。它既是校园文化建设的一部分，也是大学生素质拓展的一个重要渠道。社团成员因共同的兴趣爱好和个性需求而走到一起，每一名社团成员都会自发地、积极地参加社团组织的各项活动。在学分制条件下，因为原有的班级集体观念进一步淡化，而大学生社团这样一个成员相对稳定、活动易于开展、成员间关系紧密的集体组织的作用，可以对大学生成才与发展起到特殊的作用，弥补课堂知识的缺憾。在高校大学生管理工作中，通过开展大学生社团活动，可以有效地增强大学生的主体意识和自我控制能力，培养和提高大学生在教育活动中的积极能动性、自主性和创造性，使他们具备自我教育、自我管理和自我完善的能力，从而成为教育活动的主体和自我发展的主体。

（六）加强大学生公寓管理模式，思想教育工作进宿舍

随着学分制的推进和后勤社会化改革的深入，构建以大学生公寓社区为主体的管理模式势在必行。高校职能部门应在高校直接领导下，依托专职大学生工作队伍，跨过院系一级，在大学生社区建立和完善寝室、楼层、公寓、社区、党支部、服务队等多位一体的社区管理模式。每个大学生寝室设寝室长，每层楼设层长，每幢楼设楼长，每个社区设区长，与公寓大学生社区党支部设置相结合，建立党员服务站等，依托党团组织，以党建带团建，充分发挥大学生党员的模范带头和辐射作用，利用主题党日、团日活动的组织形式开展大学生正确的世界观、人生观、价值观教育，直

接面向公寓开展思想教育活动。

同时在公寓区逐步建立各类文化、咨询、服务机构，以开展卫生督查和文化建设为基础，以心理咨询和辅导为重点，开展“文明楼栋”“文明寝室”“学习型寝室”等创建活动，面向大学生提供生活、心理、卫生、学习等各类服务，把思想政治工作与帮助大学生排忧解难结合起来，依托大学生公寓管理模式，开展大学生管理工作。

（七）推进高校大学生管理工作队伍的建设

高校大学生管理工作队伍的主体是高校辅导员，辅导员在促进大学生全面成才、培养社会主义事业合格建设者和可靠接班人方面负有十分重要的责任。只有不断地加强高校大学生管理工作队伍的建设，提高辅导员的整体素质，才能使高校的大学生管理工作适应现代形势和需要。

在形势不断发展变化的今天，随着我国高等教育事业改革的不断深入，大学生的思想观念日益复杂，传统的大学生管理工作中的管理理念、管理方式和管理体制已经很难适应形势发展的需要，使得高校大学生管理面临新的挑战，必须用新的思路加以改革和创新。

第三节 “三全育人”背景下高校大学生管理工作新思路

在高等教育大众化时期，应对大学生工作发展的新趋势和新要求，树立“以大学生为本、全面发展、遵循规律、以法治校”的工作理念，构建大学生工作的ESM（Enterprise Service Management）新模式，增强育人工作的实效性，需要倡导“人人皆教育之人，处处皆教育之地”的意识，齐抓共管，形成全员育人、全过程育人、全方位育人的格局。

一、创建“三全育人”新格局的意义

（一）“三全育人”是贯彻科学发展观的客观要求

科学发展观的核心是以人为本，实质是实现经济社会的全面发展和人的全面发展。在育人过程中贯彻科学发展观，就是要以大学生为本，以

促进大学生的全面发展为目标。统筹兼顾是科学发展观的根本方法。所谓统筹兼顾，就是要注重各方面工作之间的内在联系，避免割裂工作间的关系，充分调动一切积极因素，努力实现各方面工作之间的良性互动。育人工作是一个复杂的、系统性的工程，需要统筹育人各要素，整合各种资源，做到全员育人、全过程育人、全方位育人，为大学生的全面发展创设健康、和谐、有序的育人环境。

（二）"三全育人"是遵循教育规律，全面贯彻党的教育方针的客观要求

根据人的社会化理论，每一个在本来意义上具有生物学特征的人要进入社会生活，他必须通过教育以及其他途径，不断习得社会生活的知识和经验，以逐步养成参与社会生活的基本素质；另一方面，从社会的角度来看，要使既定的社会秩序得以维护并使社会得到发展，也需要通过教育以及其他途径将所有人的知识、道德、行为等纳入规范的社会生活体系。因此，一个生物意义上的人逐步地习得并适应社会生活的过程，就是所谓人的社会化的过程。

人的社会化过程同时也就是人受教育的过程。这里的教育是一个广义的概念，不仅仅是指课堂的教育，也不仅仅是指高校的教育，而是指一个人的整个社会生活对其社会化进程所产生的影响。一般来说，能够对人进行教育即对人的社会化进程产生影响的结构，包括了家庭、高校、社会团体、工作机构、大众媒体、政党、政府、公共生活场所等广泛的领域。上述领域之所以能够发挥其促进人的社会化过程的作用，主要是因为对于具体的人来说，其社会化的过程是一个习得和领悟的过程，而这种习得在很大程度上具有潜移默化、耳濡目染的特征。就是说，任何一个知识素材、生活事件、话语信息，都可能对其人生观、世界观和价值观产生这样那样的影响。这些影响有积极的，也有消极的。高校应充分利用大学生品德形成的可控性，有效组织大学生的活动和交往，并对各种环境给予大学生的影响进行选择和调节，利用其积极因素，控制其消极因素。要坚持教书育人、服务育人、管理育人，在全校乃至全社会形成育人合力，党、政、

工、青齐抓共管，从而促进大学生的全面发展。

（三）“三全育人”是进一步加强和改进高校大学生工作的客观要求

提到大学生工作，一般来说人们考虑最多的是对大学生的常规管理工作，即纪律、作息、考勤等。认为大学生工作的目的是保证大学生正常的生活、学习秩序，管住大学生不出事就行了，大学生工作是大学生工作部门的职责，是专职大学生工作者的事情，这种大学生工作观念我们可称之为“小”大学生工作观。当前，大学生工作面临着新的形势：全球化的发展，使我国高等教育逐步步入国际化轨道，人才培养规格也必须与国际标准接轨；信息化、网络化的加速，不同程度地冲击着当代大学生的思想；高校扩招导致大学生人数激增；高校体制改革，就业方式转换，大学生的就业压力加大，心理障碍和人格缺失增多，也是前所未有的新局面。所有这些新情况、新问题，都迫切要求高校大学生工作转变观念，探索新的工作机制，运用现代教育手段进行全面创新。因此，高校应提倡“大”大学生工作观，即大学生工作本质是育人，核心是服务，为大学生成长成才创造条件，而不仅仅是一种管理工作；大学生工作也不仅仅是某一部门、某一些人的事情，而是以某些部门、某些大学生工作者的工作为主体和重点、所有教职工全员参与的工作。以这种“大”大学生工作观来审视大学生工作，要求把大学生工作定位为高校乃至于整个社会育人大系统的一个子系统，克服以往大学生工作与高校其他工作的弊端，改变大学生工作人员“孤军奋战”“单兵作战”的被动局面，创建全员育人、全过程育人、全方位育人格局，建立一个内外协调、纵横交错的多元、多层次、多维度、全方位和开放型的大学生工作体系，形成合力育人机制，才能充分发挥大学生工作的育人职能，大学生工作才会有生机和活力，才能真正开创大学生工作的新局面。

二、“三全育人”新格局的内涵

“三全育人”即全员育人、全过程育人、全方位育人。构建“三全育人”

格局，就是要打破高校、家庭、社会各个系统特别是高校内部各子系统之间各自为政、孤立化、片面化、零散化、信息残缺不全、效果离散的传统育人局面，全面考虑育人过程中时、空、人等所有方面，建立起上下联动、全员负责的育人管理系统，建设一支具备现代化教育理念、使用现代化教育手段的育人工作队伍，形成育人工作落实到实践、提升大学生综合素质的思想政治教育格局。建立起这样一种全员育人、全过程育人、全方位育人的“三全育人”格局，就像建立起一个上下畅通、左右相连的高校育人工作的“立交桥”，是育人工作的目标和内容顺利付诸实践的重要保证。

（一）全员育人

全员育人指调动一切可以调动的力量，形成全员参与、责任清晰、分工协作的教育群体，形成目标明确、要求一致、管理严密的育人工作领导管理体制，切实使全体师生员工、校内外一切教育者都成为大学生思想成长的引路人。

实施全员育人是对大学生工作组织者、管理者角色认识的转换。传统上，人们总是把党团组织、班级、辅导员、班主任认定为大学生工作的机构与人员。从大学生工作专门的组织管理来说，这是没有问题的。但是，大学生工作不是一件具体的事务性工作，大学生的思想成长也不是靠某个机构、人员专门训练而实现的。大学生工作的复杂性、思想观念的社会性、大学生品德形成的长期性等特点，都决定了大学生工作管理的全员性。只有把党团组织、班级、家庭、社会教育机构联合起来，形成“联合舰队”，把党政领导、辅导员、班主任、教师、员工及大学生自身组织起来，形成整体“教育阵容”，才能把一切积极因素组织起来，形成教育的合力，抵制不良思想对大学生的侵袭。

（二）全过程育人

全过程育人指根据社会对大学生的素质要求和大学生成长成才的内在需求，分阶段、分层次、循序渐进地进行指导和教育，把育人工作贯穿于入学到毕业的全过程。包含两层意思：一是育人工作不是阶段性的，而是连续性的、全程性的工作；二是育人工作不是千篇一律的，而是分层次的工作，要根据大学生不同年级、不同年龄阶段的特点，由低到高，由浅入深，循序渐进地分类指导。

总的来看，大学生自我意识发展迅速，且生活内容日益丰富、深刻，人生观和价值观逐步形成和稳固。在这一时期，他们最为迫切、最为认真地关心人生态度、生活方式、生存价值等重大问题。而就在这一时期，如果教育工作不系统，不能全程跟踪大学生心理、思想的变化与成长，就可能会造成大学生成长的危机。所以，实施全过程育人，旨在建立与大学生思想成长相和谐的同步教育流程，促使大学生思想不断进步与成熟。

（三）全方位育人

全方位育人是指在高校、社会、家庭的大环境中，通过各种途径、措施对大学生进行全方位又具有统一影响力的思想政治教育。

从高校层面上讲，即把教育融合到高校工作的方方面面，把思想政治教育渗透到高校的教学、科研、党团建设和高校管理等各个环节，融入大学生喜闻乐见的校园文化等各项活动之中，形成全方位、多角度、多层面实施育人的格局，使思想政治教育工作无处不在、无处不有，与高校各项工作融为一体，和谐统一，共同为大学生的健康成长服务。

全方位育人主要从两个维度来讲：一是从空间角度，全方位育人是指利用一切阵地对大学生进行思想政治教育。教育阵地包括有形阵地和无形阵地，有形阵地包括课堂、公寓、军营、实训基地和图书馆、食堂等场所；无形阵地主要指网络阵地；二是从教育资源的角度，全方位育人要求整合高校、家庭、社会多种教育资源育人。真正做到全方位育人，要克服主辅渠道各自为政，高校、家庭、社会脱节的弊端。

全员育人、全过程育人、全方位育人，这三者之间是密切联系、不可分割的。只有将三者紧密结合起来，落实到位，才真正做到了以大学生为本，德育为先。

三、“三全育人”新格局的创建

（一）调动一切可以调动的力量，做到全员育人

高校思想政治教育的繁重性、复杂性和特殊性决定了大学生思想政治教育工作是一个内涵丰富、教学与管理相互融合渗透的体系，需要全体

教师积极参与，高校各部门齐抓共管，形成全员育人的氛围。《关于进一步加强和改进大学生思想政治教育的意见》明确指出："要建立和完善党委统一领导、党政齐抓共管、专兼职队伍相结合、全校紧密配合、大学生自我教育的领导体制和工作机制。"

1. 构建全员育人的一体化工作体系

高校育人工作是一项系统工程，需要坚持齐抓共管，形成相互配合、支持、协调的育人工作机制，增强育人工作的实效性和有效性。首先，建立以高校党委书记挂帅的大学生工作指导委员会，从全局高度规划育人工作。其次，目前高校的素质教育往往通过不同的工作部门和教育途径进行，各有侧重地实施。这种相对独立、自成体系的格局，显然不适应素质教育系统性的要求，必须从决策领导层的高度通过组织和制度手段进行协调和沟通，做到全盘规划，统一实施，避免重复运作，提高教育的效率和效益。高校的大学生工作涉及校内各级行政管理部门，如大学生工作部门、教务部门、人事部门、后勤管理部门、院（系）等，各级行政管理部门要密切配合，制定全员育人工作机制，形成全员育人工作氛围，建构全员育人工作框架体系。如在全员育人理念指导下，建立了教学联动育人机制。

一是教学工作与大学生工作互动。从事大学生工作的相关人员要熟悉教学基本规律和组织流程，以课程化思路开展大学生思想政治教育工作；从事教学工作的相关人员要了解大学生工作的规律和相关情况。同时，建立了联席会议制度，即从事大学生工作的负责人参加教学工作例会及其他教学会议，教学工作负责人参加大学生相关会议和大学生工作例会。对育人中出现的新问题、新情况进行研究，商讨对策。该制度建立了教学、大学生工作两条线经常性的交流沟通机制，增进了团结和互信，形成合力，构建了教学、大学生工作互动的长效机制。

二是充分发挥"三助"作用。即辅导员担任专任教师的助教，对大学生的学习、思想情况进行调研，做好大学生的思想政治教育工作和管理工作；专任教师担任辅导员的助导，协助辅导员指导班团活动和做好大学生思想工作；大学生当老师的助理，协助教师的教学和管理工作。"三助"联动育人机制促进了专任教师和辅导员两支队伍相互配合,教师与大学生互动。

2.建立一支新型的育人工作队伍

(1)建设专业化、职业化的思想政治教育工作者队伍

新时期大学生思想政治教育工作发生了很多变化,青年大学生的思想问题和实际问题更加复杂多样。想要有效地解决这些问题,仅靠以往的经验、习惯和热情是远远不够的,需要有一支用知识、技能和智慧武装起来的专业化、职业化思想政治教育工作者队伍作为各项工作的保障。要把建设好高素质、高质量和高水平的思想政治教育队伍作为加强和改进大学生思想政治教育的重中之重。

高校党政干部和共青团干部、思想政治理论课教师、辅导员和班主任担负着对大学生进行思想政治教育的主要职责,是大学生思想政治教育工作队伍的主体。就当前这支队伍整体而言,虽然在政治素养、敬业精神、个人品德上是合格的,但在驾驭、解决实际问题的能力和本领上还与现实要求有较大差距,在不同程度上存在着"本领恐慌"问题。"本领恐慌"既难以解决大学生的实际问题,更难以解决大学生的思想问题。它会使教育者在工作时事倍功半。只有使从事大学生思想政治教育工作的同志在某一个方面成为行家里手,成为大学生钦佩和信赖的人生挚友,才能完全胜任新时期的大学生思想政治教育工作。建设一支专业化、职业化的思想政治教育工作者队伍可以从以下几个方面着手:

第一,高扬"争做学习型人才、打造专家型队伍"旗帜,大力提高专职思想政治教育工作者的理论水平和业务能力。要积极倡导理论学习与调研之风,引导他们开展科学研究,探讨新形势下大学生思想政治教育工作的新特点和新任务,增强对工作的理性思考,及时总结经验教训,把握工作规律,做到未雨绸缪,在科学规划的基础上果断决策;要以学者的修养、儒雅的气质和良好的个人修养来从事大学生思想政治教育工作,找到思想政治教育工作与大学生学习、生活的契合点,通过知识和情感的沟通,人格和精神的感化,最终达到心灵的共鸣。

第二,以工作的专业化带动队伍的专业化、职业化。改变目前辅导

员、班主任多为兼职的现状，使辅导员成为专门职业，对其进行全方位培养。推动多样化发展，建立辅导员队伍选聘、管理、培养、发展的长效机制，努力培养政治强、业务精、纪律严、作风正的专业化、职业化辅导员队伍。

第三，要把大学生思想政治教育工作队伍纳入高校党政队伍发展的大循环中，作为高校党政后备人才的基地，广纳贤才，培育一支数量足、素质高、业务精、能力强的专业化、职业化思想政治教育干部队伍。

第四，加强措施保障，鼓励和支持大学生思想政治教育工作者安心本职工作，积极为专职从事大学生思想政治教育工作的干部提供多岗锻炼、工作培训、考察进修等机会，确保工作有条件、干事有平台、发展有空间，形成科学的“养用结合”机制，推动大学生思想政治教育干部队伍实现由“事务型”向专业化、职业化的拓展。

(2)充分发挥专业教师在育人中的重要作用

文化知识教育与思想政治教育自古以来就是教师的两项基本任务。“师者，所以传道、授业、解惑也。”依此，可以说教师有两项任务，即“传道”——思想政治教育，“授业”——文化知识教育，“解惑”则是传道和授业过程中的解惑。按照我国高等教育的根本任务，教师不仅有教育大学生掌握做事的能力和功能，而且有教育大学生按照一定的社会规范和良知做人的责任。我国《教师法》也明确规定了教书育人是教师的基本义务。教师对人生和学术等方面的认识与理解和日常言行举止，对大学生的潜在导向是不可估量的。如果失去了这种接受教育的好机会，对于正在成长中的大学生来说是极大的损失。高校教师在大学生思想政治教育中具有天然的优势和无可替代的作用，教师的政治素质、业务水平、道德水准以及由此而产生的人格魅力是大学生精神追求的价值所在，也是一个高校之所以高水平的理由。所以教师是思想政治教育工作队伍中的至关重要的力量。

专任教师应认真遵循“教学永远具有教育性”的规律，充分发挥各门课程的育人功能，完成既教书又育人的职责。为此，广大教师应以热爱大学生、对教学工作高度负责的态度，率先垂范，为人师表，以良好的思想道德品质和人格给大学生以潜移默化的影响。在教学中要深入发掘各门课程内在的思想政治教育资源，要把思想政治教育融入大学生学习生活的各个环节。

（3）发挥管理与服务人员的育人作用

在高校中，有很多工作是通过管理和服务来实现的，这支队伍的素质及水平是思想政治教育工作成效的一个视窗显示。就管理育人来说，管理工作要体现育人导向，坚持教育与管理相结合，严格管理与科学管理相结合，培养大学生树立遵纪守法观念与养成良好行为习惯相结合，坚持解决思想问题与解决实际问题相结合。树立以人为本的工作理念，改进工作作风，耐心、细致、周到、热情地为广大师生服务，用自身良好的工作形象、工作态度和工作作风感染大学生，教育大学生。后勤工作人员要牢固树立“服务第一”的思想，推进高校后勤工作改革，创造“服务育人”的良好氛围，真正为大学生排忧解难。通过以人为本的管理，细心的关爱，使大学生体会到“家”的感觉，使服务管理达到一个新的高度。

（4）加强大学生组织建设，依靠大学生干部队伍

重视大学生党建工作，发挥组织优势，以“党建带团建”的工作思路，更好地发挥共青团在教育、团结和联系大学生方面的优势，指导大学生会、研究生会、大学生班级、大学生社团等组织开展自我教育活动，不断提高大学生自我教育、自我管理、自我服务、自我提高的能力。大学生干部在高校与广大学生之间发挥着重要的桥梁和纽带作用。培养和造就一批大学生骨干，动员和组织更多的大学生担任适当的社会工作，充分发挥他们的带头作用、示范作用、骨干作用和桥梁纽带作用，对于加强大学生思想政治教育具有重要的意义。依靠大学生干部队伍，一是要做好大学生干部的选拔工作，通过深入了解和考察，将那些品学兼优、工作能力强、威信较高、作风正派，热心为同学服务的大学生选拔出来，根据各自特长和特点担任相应的社会工作；二是要加强对大学生干部队伍的培养，注意在实践中给予指导和帮助，以不断提高其政治理论素质、思想道德品质和实

际工作能力;三是要为大学生干部提供良好的工作环境,既不“抱着走”,又不“大撒手”,允许他们出现错误而不能求全责备,同时引导广大学生支持、尊重和肯定大学生干部的工作;四是要关心大学生干部的学习和生活,帮助他们正确处理工作和学习的关系,绝不能让他们因为社会工作而耽误或者影响学习。

除发挥以上四个方面的作用外,在大学生思想政治教育当中还要强调大学生的主体地位,要充分调动大学生自身的积极性和主动性,把大学生思想政治教育变成大学生自觉的行动、自主的行动,要努力使思想政治教育成为大学生内在的强烈需求。

3.构建科学有效的全员育人保障机制

为了把全员育人的理念变为行动,变为现实,需要构建科学有效的全员育人保障机制。可以采取以下几项举措。

(1)加强师德师风建设,实行师德师风一票否决制

师德师风的好坏将直接影响到大学生能否健康成长,也关系到高校的教育质量的高低,所以,高校要建立师德师风建设的长效机制,把育人工作纳入教职工工作职责和年终考核指标体系,在职务职称晋升、年度考核、评选先进等方面实现一票否决制。在全校开展教书育人、科研育人、管理育人、服务育人争先创优活动,定期进行总结评比,强化教职工育人意识,营造全员育人的良好氛围,促进教职工在各自的岗位上塑造良好形象,发挥为人师表作用。

(2)探索建立大学生工作导师制度

所谓大学生工作导师制,就是把高校的全体教师和大学生按照数量对应起来,每位教师都要和一部分大学生建立长期联系,对他们在学习、生活、工作和成长中的各种问题进行及时指导。在师生之间搭起互相信任、教学相长的桥梁,让教师真正成为大学生的良师益友,以便及时全面掌握大学生的思想动态,把教书育人的职能真正落到实处。首先,实行导师制是推行学分制的必然选择,是在班集体意识不断淡化的情况下有效落实高校思想政治教育目标的有效途径;其次,实行导师制是因材施教的

前提和必要条件，是高校处理思想政治教育特殊性和课堂教学局限性之间矛盾的有效方案；再次，导师的遴选和聘任要坚持德才兼备的原则，要在政策和待遇上对其有所倾斜，以调动他们的工作积极性。

(3)高校应制定教职工教书育人、管理育人、服务育人的具体规定和制度

改进专业课教学质量评估体系，采取加强思想政治教育的评估分量等制度和措施，保证高校各类人员的育人职责落到实处。

(二)立足大学生的成长发展，做到全程育人

全程育人是指在大学生学习成长的全部过程中都要高度重视和切实加强思想政治教育，认真研究大学生从入校到毕业整个过程成长成才的基本规律，精心规划从低年级到高年级不同阶段的思想政治教育的工作重点和方法措施，区别不同类型、不同专业、不同层次进行针对性教育，促进所有大学生都能健康成长。

1.精心设计规范化的第二课堂素质拓展计划

高校各专业的人才培养方案体现了人才培养的基本要求，该计划着重对大学生学习的第一课堂作了全过程的具体的安排，这方面的计划非常细致规范。但对大学生的第二课堂的素质拓展方面却大都没有涉及，最多只规定了一定的学分，而缺乏系统的计划性、全程性和特色性。为了完善人才培养计划，可根据培养目标的要求和不同年级大学生的特点系统地制订第二课堂人才培养方案(或第二课堂素质拓展计划)。该方案着力研究如何加强和改进大学生思想政治教育，不断提高大学生的思想政治素质、道德素质、法律素质、心理素质，研究大学生思想政治素质、道德素质、法律素质、心理素质等教育的目标体系、课程体系、组织运行体系、教育模式和保障机制等，制订第二课堂大学生思想政治教育大纲，彻底改变大学生第二课堂思想政治教育的随意性和零散性，形成贯穿高校全过程的第二课堂素质拓展计划。

2.把握大学生工作的全时段进行育人

大学生的成长过程是有规律的，一般具有发展的顺序性、阶段性、稳

定性、可变性、差异性和发展速度的不均衡性等。教育者应认真研究和探索大学生成长过程中发展成才的基本规律，掌握其身心发展特点，精心设计从低年级到高年级不同发展阶段思想政治教育的目标、工作重点和方法措施，进行有区别、有针对性的教育，让大学生在学习成长的每时每刻都受到教育，经受锻炼，提高素质，增长才干。比如，开学时段，重视新生入学教育工作，详细讲解高校规章制度、支持大学生成长成才的政策、高校学习生活心理指导、大学生安全常识、大学生健康教育等。开展军训、职业生涯规划及基础文明教育等教育活动；二、三年级主要进行个人修养教育及世界观、人生观、价值观教育等教育活动；四年级主要进行以团结协作等为主要内容的职业道德教育及就业指导、毕业教育等，开设了《大学生就业指导》必选课，印发了《毕业生择业与就业指南》，面向毕业生开展了多种形式的就业指导、毕业教育专题活动。这些活动的开展，确保了高校毕业生思想的稳定和就业心理的成熟，为他们的就业、成才打开了方便之门，收到了良好的效果。就思想政治教育工作的阶段性、时间性而言，注意抓好每天的常规管理是一项重点和基础的工作。为了做好这项工作，学校专门制定了日常管理制度以及教师值周、值日制度，建立了大学生自管组织，从早晨上操开始，到晚上就寝结束，对一天生活的方方面面，如内务整理、卫生清扫、上课考勤、自习纪律等各方面都进行了严格而细致的管理，确保了大学生良好习惯、行为素养的形成。

3. 坚持始终一贯，全程一致的原则

大学生思想政治教育工作要提高大学生的思想政治觉悟，逐步形成科学的人生观、价值观、世界观，这是一项常抓不懈的系统工程，教育中会经常出现局部教育效果的失利或反复，有的经过教育克服了毛病，而遇到一定的场合又重蹈覆辙。因此，教育工作要有战略眼光和战略措施，持之久远，而不可急于求成，“立竿见影”，以一朝之功保终生之效的思想是行不通的。在思想政治教育工作过程的要求上要有始有终，持之一贯，每一项教育活动从计划安排、决策实施、检查指导、考核到总结奖惩等每一个环节都要认认真真、扎扎实实，实现教育全程优化，严防因某些环节的失误而影响教育的整体效果。现实中不少教育往往是有布置无检查，有形式无效果，更缺乏具体有效的考核标准和保证措施。这不仅影响了教育功效，而且影响了思想政治教育工作应有的权威和声誉。

（三）创设良好的育人环境，做到全方位育人

全方位育人要求我们调动一切积极因素，利用一切条件和途径，采取多种方法和措施，全方位地对大学生进行思想政治教育。在充分发挥思想政治教育主渠道、主阵地作用的同时，要特别注意发挥新形势下大学生思想政治教育新方法、新途径的育人作用，包括社会实践、校园文化、网络教育、心理健康教育、大学生社团、思想理论教育系列讲座、勤工助学以及丰富多彩的学术、科技、体育、艺术和娱乐活动等，对大学生形成立体化、网络化、全方位的教育感染作用，从而产生良好的综合效应。实施全方位育人模式，其具体举措如下。

1. 构建“六结合”教学模式，充分发挥思想政治理论课的主渠道作用

思想政治理论课是系统地对大学生进行马克思主义理论教育和思想品德教育的主渠道和基本环节，是社会主义高校的本质特征之一，是每个大学生的必修课。因而，思想政治理论课的教学效果将直接影响我国人才素质培养目标的实现。为充分发挥思想政治理论课的主渠道作用，我们探索出以下“六结合”教学模式。

（1）理论教学与实践教学结合

以问题为中心是高质量完成思想政治理论课教学的最佳模式。要针对大学生理论和现实的难点和热点问题进行传道解惑，晓之以理地引导大学生。同时组织大学生进行道德实践和社会实践。思想政治理论课成绩分为理论和实践两部分考核，引导大学生知行统一。

（2）第一课堂和第二、三课堂（网上课堂）结合

第一课堂由于学时有限，不宜过多开展大学生喜闻乐见的活动，需要开展第二、三课堂，寓教于乐，寓教育于活动之中，往往能收到良好的教育效果。比如有教育意义的主题班会、团日活动、社团活动、周末红色影院、

业余党校、团校、人生发展咨询、法律咨询、心理咨询、人文社科百家讲坛等第二课堂活动，有助于深化和巩固第一课堂教学内容；开设网上课堂扩充与第一课堂教学相关的资料信息，通过网上论坛与大学生交流，有助于提高教学质量。

(3)高校、家庭、社会结合

大学生的成长离不开高校、家庭、社会的教育。开展大学生与家长、大学生与杰出校友、大学生与社会成功人士"两地书"活动，利用高校、家庭、社会的资源对大学生进行教育。

(4)思想政治理论课与人文素质教育结合

思想政治理论课是显性的思想政治教育，而人文社会科学的选修课、辅修专业、双学位教育则是隐性的思想政治教育，它是大学生思想政治教育阵地的延伸。两者的结合，有利于构建大学生合理的知识结构，又有利于提高思想政治素质。

(5)教学与科研结合

要提高思想政治理论课的针对性和有效性，离不开科研成果的支撑。实践证明，不搞科研很难吃透吃准教材和大学生，而吃不准教材和大学生的教学必然缺乏说服力。所以，要高质量地完成思想政治理论课教学任务，就应该大学生理论上的难点问题进行深入的研究，对大学生的思想现状进行调查研究，并将研究成果用于教学。

(6)教师讲授与大学生小组自主学习结合

教师讲授是思想政治理论课教学的一种方法，但单纯的讲授灌输不利于大学生的内化，应组织大学生开展小组自主学习讨论并完成小组作业，这有利于大学生团队精神的培养，也有利于大学生之间的相互学习和交流。

2. 建设格调高雅、内涵丰厚的校园文化，发挥隐性课程的育人功能

现代思想政治教育至关重要的一条策略和趋势是：隐蔽思想政治教育的"教育"意图，淡化被教育者的"受教育"意识，实现思想政治教育的隐

性化。相对于思想政治理论课这类显性课程而言，作为思想政治教育的隐性课程的校园文化以其独具的感染作用、体验作用和潜移默化作用，发挥着高校课堂教学所不能起到的作用，对大学生思想品德的形成具有较大的影响。

(1)培育审美化的校园物质文化环境

校园物质文化环境，是指校园内的有形建筑物、图书馆、校训牌、标志雕塑、宣传橱窗等。建设良好的校园物质环境，不只是一种单纯完成物质功能的活动，更是一种传达信息的文化交流与对话形式，是服务于“人的和谐发展”的通识教育场所，具有“桃李不言，下自成蹊”的隐性教育效果。因此，校园物质文化建设，要像苏霍姆林斯基所说的一样，让每一面墙壁都会说话，努力体现出文化艺术素养和审美情趣，把历史传统和时代精神有机结合起来，创造出具有浓郁人文氛围的校园物质文化环境，给大学生一种高尚的文化审美享受，获得奋发向上的动力。

培育审美化的校园物质文化环境，可以从以下几个方面着手：第一，要利用自然情趣的移情效果育化心灵，如在校园种植花卉、树木，如纯洁的玉兰、傲寒的梅花、高洁的松柏、挺拔的翠竹等，这些树木本身就是大自然的艺术作品，学子们在清爽怡人的校园中通过观察、解读和体悟自然之“道”，达到涵养大学生性情、提升其心灵境界的效果。第二，可以通过造型美观的校园警示牌、内容丰富的灯光宣传栏、意蕴深远的校园雕塑、催人奋进的校园标语等，强化高校的思想政治教育氛围。第三，物象命名、标牌路引要浸润精神意蕴。第四，高校的建筑既要追求科学技术的品质，又应包含蕴藏审美性的人文文化品位。校园建筑的造型与布局要尽可能地表现丰富的思想内容和价值追求。如校园是棋盘式的，中间有一条纵深中轴线的布局，给人产生对称美，能陶冶大学生的严谨感和秩序感，而依山就势的自由式布局则能给大学生以自由美。也可在校园里布置一些雕塑，表达一定的审美思想、政治意义与道德感情，反映出高校的特质。这些都在无形中对大学生们起着鼓舞和鞭策的作用，进而使文明意识得以内化，心灵得以润泽，道德品质得以升华。总之，应让校园内每一个视点都发挥育人功能，创设“墙壁能说话，花木会作诗”的情境。突出体现“绿化、净化、美化、文化”的特色，实现以育人为主的多方位优化布局，开辟一条思想政治教育新途径，有效地促进良好校风、教风、学风的形成。

(2)培育富有特色、奋发向上的校园精神文化

校园精神文化是校园文化的深层内核，一般说来，它包括高校的历史传统、价值体系、理想信念、人文氛围、思维模式、校风学风、集体舆论等。譬如我们常听到的“北大之创新，清华之严谨，南开之笃实，浙大之坚韧”，便是人们对于这些国内著名学府所特有的精神文化的概括。

高校精神文化的建设，首先，要培育以高校精神——科学精神与人文精神的融合为核心内容的高校群体意识。要努力弘扬高校精神，塑造高校形象，以厚重的文化积淀，自由、理性的精神气质为大学生全面和谐发展营造良好的氛围。其次，要营造一种文明、健康、高品位的文化氛围和精神氛围。要充分地利用高校的各类宣传媒体以及对外宣传途径，以科学的理论武装人，以正确的舆论引导人，以高尚的精神塑造人，以优秀的作品鼓舞人，对外树形象，对内树信心，努力营造良好的校园舆论环境，以其教育内容的丰富性、教育时间的及时性、教育形式的多样性、教育作用的广泛性等优势，对大学生的校园文化活动进行正面引导。再次，要用感召力激发大学生的道德需求，如确定并启用代表高校重要成就、体现高校精神面貌、反映高校壮志豪情的“校徽”“校训”和“校歌”，会激发大学生努力向上的自强不息精神、敬业守道的献身精神、实事求是的科学精神、团结协作的集体主义精神、艰苦奋斗的拼搏精神、开拓进取的创新精神。最后，要通过开展丰富多彩、生动活泼、格调高雅的各种活动，向大学生传播更广泛的文化信息，通过举办社团文化节、科技文化艺术节、大型文艺演出、精神文明建设系列活动、大学生形象展示大赛、重要节日和大型事件庆祝活动以及周末文化快餐系列讲座、学术报告会、实用技能培训等一系列活动，培养大学生的语言表达、组织管理和写作能力，提高大学生的基本技能、人文素养和科学文化素质。这样，把教育意向深藏在相关的内容与形式中，不知不觉地实现思想政治教育的目的。

(3)培育科学规范的校园制度文化

校园制度文化包括了高校内部的各种规章制度、行为规范、公约守则和建立在这些规章制度基础上的各种组织。它不仅是科学管理、严肃纪律、约束与规范大学生行为,促使大学生养成良好行为习惯的重要管理机制,同时会激励大学生道德行为的形成,起到导向作用。

加强高校制度文化建设,首先,要坚持“以人为本”的原则。先进的高校制度文化必须体现人文关怀,融入适应时代要求的人本管理理念,着眼于调动人的积极性和创造性,着眼于人的全面发展。具体地说,就是要从大学生思想和身心发展的特点出发,遵循教育规律,制定出尊重大学生、爱护大学生、发挥大学生主体积极性和创造性的制度和规范,形成促进大学生全面发展的人本主义校园制度文化。其次,要坚持民主化原则,提高制度建设的民主化程度。各种制度要真正起到教育大学生的作用,就必须征得大学生的理解和同意,否则它始终都是一种对大学生的“外在束缚”。因此,在制定各项制度的过程中,要遵循民主化原则,尽可能地让大学生参与到讨论、制定和落实的实践中来,这样的高校制度才是民主的、现实的,是大学生自主要求的反映,而不是高校单方面意志的表达。

3. 注重人文关怀,建立健全咨询服务体系

思想问题根源于生活实际,因此对大学生进行思想政治教育不能单纯就思想问题解决思想问题。要教育人、引导人,以理服人,又要关心人、帮助人,以情感人。要通过尽心竭力、细致入微的优质服务,为大学生办实事、做好事、解难事,把解决大学生的实际问题作为大学生思想政治教育的重要环节,把关心人作为思想政治教育工作的重要内容,全力抓出成效。咨询服务是指通过咨询的方式为大学生提供服务,从而对他们进行道德教育。它是信息时代思想政治教育的一项有效途径。开展咨询服务,注重人文关怀,往往会收到意想不到的特殊效果。

(1)建立大学生心理健康教育与咨询中心,增强大学生心理素质

第一,建立了四级大学生心理健康教育与咨询服务网络。即高校成立了大学生心理健康教育与咨询中心,专门负责全校的心理辅导工作;各院系建立了心理辅导站;各班设立心理委员;大学生寝室建立心理成长小

组。第二，与精神卫生中心等医院建立了医校联动心理健康教育与危机干预机制。第三，构建了全程全面心理辅导模式。开设心理健康教育系列课程，积极推进心理健康教育“进班级、进寝室、进家庭、进军营”的“四进”工作。

(2)建立大学生职业指导服务中心，提高大学生的职业适应能力

第一，构建和实施大学生全面全程职业指导模式，将单一的就业指导改为包括择业、就业、创业、职业适应等全方位的系统指导。编写《大学生全程全面职业指导》，并开设了相关选修课程。第二，建立了高校、院系、寝室三级职业咨询体系。第三，为大学生提供高效优质的就业创业服务。精心组织供需洽谈会；建立就业信息网站，深入开展就业援助活动，帮扶就业困难大学生。

(3)建立大学生法律援助中心，为大学生提供法律咨询和法律援助活动

开设法律专题讲座，举办就业与创业问题等法律服务，组织大学生开展模拟法庭等法治教育活动等。

(4)建立大学生资助管理中心，对家庭经济困难的大学生开展阳光关爱服务

第一，建立“三助”体系。“三助”即国家资助、高校扶助和大学生勤工自助。国家资助指国家奖助学金和国家助学贷款的资助；高校扶助指高校各种生活补助、困难补助、高校青年成才扶助基金的帮助；大学生勤工自助指高校为大学生提供大量的勤工俭学岗位，大学生参与校内外的勤工俭学岗位工作。第二，设立青年成才扶助基金，通过校内外筹集资金，为家庭经济困难大学生提供帮助。第三，设立大学生创业助学基地，培养大学生自助助人的精神。第四，使经济资助与精神扶助相结合。在全校开展了“青年英才奖”公开申报与评比活动，每年评出100名优秀贫困大学生给予表彰。组织了“关爱青年成才扶助行动”小分队，深入贫困大学生家中，用实际行动帮助他们。

构建以阳光关爱为行为主旨的扶助解困服务平台，取得了可喜的成绩，极大地提高了大学生的心理健康水平，增强了大学生的法律意识，依

法调解大学生遇到的各种法律纠纷,保障和维护了大学生的正当权益。

4. 更新手段,占领思想政治教育网络阵地

随着我国社会信息化进程的推进,网络逐渐成为大学生生活不可或缺的一部分,对他们的行为模式、价值取向、心理发展和道德观念带来了剧烈冲击。网络已经成为大学生思想政治教育的新载体、新阵地。

(1)吸收网络文化的积极因素,建构开放、互动的网络思想政治教育模式

虚拟社会与网络文化的出现,不仅为人的个性的自由解放提供了条件,而且为人的发展创造了前所未有的机遇。在网络时代,大学生的自我意识与主体意识大大增强,过去那种说教式的单向灌输教育方法已不能适应需要。因此,教育者必须尊重大学生的主体性地位,注重发挥大学生的主体性作用,运用开放、民主的教育方式,在平等愉悦的气氛中实现与受教育者思想的双向交流,及时互动。思想政治教育工作者要主动到网上去寻找教育对象,利用网上聊天室、BBS等手段来了解大学生的思想动态,有针对性地开展思想政治教育工作。

(2)加强大学生网络行为的自律教育与道德教育

网络社会既是虚拟的,也是现实的。如同现实社会需要道德一样,网络社会显然也离不开网络道德。由于网络的虚拟性、开放性,传统社会中以服从为主的道德范式在网络社会中已部分失效,只有上升到道德信念的高层次的自律性道德,才能够规范个体的网络行为。为此,思想政治教育工作者应该注重培养大学生的网上自律能力,提高他们自觉抵制有害信息的能力,使他们遵守网络道德,增强网络自律意识,实现道德自律。

(3)建立思想政治教育专业网站,丰富网站内容与服务功能

优秀的思想政治教育专业网站是思想政治教育工作进网络的重要载体。目前,一些高校的思想政治教育网站点击率不高,究其原因,主要是网站的内容不能引起大学生的共鸣,在栏目设置、内容框架上考虑较多的是“宣传”与“教育”功能的实现,对“服务”功能的考虑较少,而且在宣传方法上还不能适应新媒体的要求,缺乏对网络这一新媒体宣传艺术的研究。当前,网站建设一是要增强理论性,要把网站建设与思想政治理论课教学

相结合，实现思想政治理论向网络延伸，把思想政治理论由平面引向立体；二是要突出服务性，要建设全面、周到、完善的网上服务系统，将大学生学习信息、生活信息、工作信息发布上网，及时发布大学生工作的最新动态、校园重大活动的具体内容和校园热门话题、组织纪律和规章制度、就业动态与信息等；三是要增强时效性，网络胜于传统媒体的最大优势是它的及时性和快捷性，因此要善于抓住有利时机，利用网络及时开展思想政治教育工作，增强思想政治教育的时效性；四是要与党团建设相结合，要开展网上党建，吸引更多的大学生向党组织靠拢。通过开设网上团校，培训团员干部，在网上开展团组织生活，还可以开展网上青年志愿者活动、网上主题团日活动等，增强网络思想政治教育的吸引力。当前，高校要着力建设好三个网站：一是建设思想宣传网站，使之成为内涵丰富、思想性强、方便师生教学和学习，成为高校精神文明建设的网上阵地，成为利用网络进行思想政治教育的重要手段；二是建设大学生工作网站，通过设立若干有特色、有吸引力、有影响力的栏目，使之成为利用网络繁荣校园文化的重要阵地，成为高校思想政治教育工作的有效载体；三是建设思想政治教育教学网站，使之成为高校理论研究团体和思想政治理论课教学单位了解大学生思想、获取教学信息、丰富教学手段的有效平台。

(4)加强校园网络文化建设，促进思想政治教育效果的转化

校园网络文化是校园文化与网络文化相结合的产物，其兼有技术与社会文化双重内涵的同时，还被赋予了教育的本质含义，因此，高校要高度重视网络文化建设，积极营造良好的校园网络环境。一是对校园网络资源进行规范管理，对于低级趣味的东西，要迅速鉴别并加以查封，要整顿校园网络秩序，净化校园网络环境；二是构筑网上文化精品库，要通过网络进行名著点阅、名片点映、名曲点播等，拓展大学生的知识视野与知识结构；三是建立网上文化课堂，进行传统优秀文化教育，提升校园网络文化的学术品位，使大学生确立正确的文化价值取向，提升人文精神；四是以网络为平台，开展丰富多彩的校园文化活动，这样一方面可以丰富大学生的课余文化生活，提高他们正确利用网络的能力，另一方面对建设校

园网络文化能起到促进作用。

5. 强化大学生公寓的育人功能，推进思想政治教育进公寓

高校大学生公寓不仅是大学生学习生活、休闲娱乐的重要场所，同时也是他们思想成长、素质提高、能力锻炼的重要阵地。与班级群体相比，公寓群体成员活动的时间接近性、亲密性更强，他们极易形成亲密的人际关系。另外，公寓群体内聚力形成较快，建设过程也较短。大学生们的思想状况存在较大的差异，不能再用“大道理”向他们灌输了。所以，思想教育要贴近大学生思想实际、贴近大学生生活现实、贴近大学生群体，也就是要有的放矢、分层次进行。具体做法为：①整合物业公司职工，学工部的领导和公寓中心的老师、辅导员、思想政治理论课教师四支队伍的力量，建立起校企联动育人机制；②建立和完善创建学习型和谐大学生公寓社区的组织机构，建立创建领导小组和创建工作组，建立创建工作会议制度；③制定学习型和谐大学生公寓社区的评建指标体系、评估标准及考核办法，广泛组织大学生参加“和谐之星”“和谐之家”“和谐楼栋”的创建活动；④组织三大咨询中心及思想政治理论课教师，进驻大学生公寓值班，开展咨询工作；⑤推动大学生党建进公寓。建立公寓党员教育基地、党员服务站、党员之家，充分发挥党员在创建和谐型大学生公寓社区中的带头作用。

6. 构建高校、社会、家庭一体化育人机制，形成思想政治教育的合力

大学生不是生活在社会真空中，他们不仅接受来自家庭和社会的正面教育和影响，而且也受到家庭和社会上各种消极的影响和干扰。从思想政治教育工作整体性原则出发，高校应主动加强与家庭、社会的联系，及时地交流信息，沟通情况，相互配合支持，努力形成大学生思想政治教育工作的全方位、立体化、多渠道、相交叉、多互通的思想政治教育工作体系与网络。

(1)健全家庭教育网络，实现家庭育人

家庭教育对大学生能否健康成长的影响是重大的、不可忽视的。父

母教育方法不当、自身不善、家庭残缺不全等因素都使子女感受不到家庭的温暖，承受不了家庭的压力。为此，搞好高校与家庭的联合教育是一项非常重要的工作。其中包括阶段性定期联系，重要情况随时沟通。通过家庭座谈会、家长大学生两地书、组织大学生家长订阅高校校刊、校报等形式，使大学生家长了解高校情况及子女在校的表现，共同商讨教育大学生的最佳方案与策略，帮助高校做好教育工作。

（2）健全社会教育网络，实现社会育人

高校既是一个相对独立的小社会，又无时无刻不接受着来自社会大环境的影响。校外不仅是高校思想政治教育实践活动的广阔天地，而且时时刻刻都在检验着校内思想政治教育的实际效果。要保持全员、全程、全方位的思想政治教育系统的信息畅通、资源配置快捷、教育优势互补，我们必须开放通向社会的出入口，使高校思想政治教育成为真正意义上四通八达的现代化系统。一方面，通过请进来，最大限度地进行开放办学，引进先进的办学理念、社会思潮和教育资源，丰富教育形式，使高校思想政治教育的古代文化精华、革命道德传统更多地融入时代内容、体现时代精神，更加具有实践性和可操作性。另一方面，通过走出去，充分利用广阔的实践天地和丰富的社会资源，增加思想政治教育实践的趣味性和感染力。诸如“青年志愿者”“三下乡”“寻访英雄足迹”“环境保护宣传”等活动，对大学生的教育效果远远大于空洞的说教。需要特别注意的是，面对目前的社会风气，我们要在高校思想政治教育的每一个入口安装“过滤网”，防止不良社会风气和社会思潮的影响，为每一个走出校门的活动发放“防护罩”，使大学生自觉远离不正之风和不良环境。

总之，努力构建大学生思想政治教育合力机制，构建“三全育人”格局，追求综合效应，既体现了中共中央、国务院《关于进一步加强和改进大学生思想政治教育的意见》中提出的构建“大德育”的指导思想，又符合思想政治教育客观规律的要求，也适应新时期对思想政治教育提出的新挑战。只要高校坚持实施这一设想，就一定可以在进一步加强和改进大学生思想政治教育中达到提高绩效、培养人才的目的，开创大学生思想政治教育的崭新局面。

第四章　高校教育教学创新实践

教育教学思想是大学教育中的一个最基本的最能体现出一所大学精神所在的一种教育思想观念，它是大学在寻求发展中的一个永恒的话题。一种全新的具有创新精神的教育教学思想的确立和演变可以推动大学教学内容方法以及新型高素质人才的培养模式乃至大学教育制度的变革，逐步演变成为大学发展的精神核心。

第一节　高校教育教学方法创新

高校教育教学方法创新路径是高校教育教学方法创新活动中重要的实践要素。对这个问题的研究，既可以是对过去或现存状态的追寻或总结，也可以是对未来教学方法创新的价值建构。无论是过去已经存在的教学方法、创新方法还是未来需要着力改进的创新方法，无论是各种自创的创新方法还是学习借鉴而来的教学方法，都值得推崇，但都要客观地分析教学方法具有人文环境的适应性和技术支撑条件的差异性。

高校教育教学方法创新的基本路径构建，科学性和新奇性是两个基本依据。教学方法的内在规定性是“价值实现”和“感受共存”，这对教学方法创新实践同样具有“理论指导意义的价值”，是科学性创新路径的规定，“感受”是新奇性创新路径的规定。无论是自创或借鉴的已经存在的教学方法，其本身的价值或科学性一般不存在怀疑，那么作为“感受”所必需的新奇性要加以重视。

高校教育教学方法创新策略，必须涵盖两点。其一是在方法创新过程中，借鉴异域高校教育教学方法是一个有效途径，这个途径不是在说明那些方法的好坏，而是提高教学方法的丰富程度，即感受性的最大特点就是丰富性，不然，师生对于教学方法的感受共振就是贫乏的；其二是要重视教学方法的人文环境适应性和技术支撑条件的差异性的存在，在学习借鉴时，就要根据不同对象并分析该方法创制的原始背景加以利用，并注意克服推行过程中的技术限制因素，尝试其他途径或通过相关技术解决问题，这本身也属于创新思维范畴。但要特别指出，在教学方法创新实践活动中，掌握一些创新原理和方法只是能否实现创新的前提，不是解决创新的灵丹妙药。只有不断深入学习、深刻理解创新方法，积极开展创新实践，才可能有效地掌握创新方法，取得创新成果。结合创新理论原则和高校教育的教学方法的历史与现状，总结分析得出成功而有效的教学方法、创新方法主要有如下几种。

一、组合法

无论是在自然界还是在人类社会，组合创新非常普遍。就教学方法而言，就是两种或两种以上的方法或方法理论的一部分或全部进行适当叠加和组合，形成新的教学方法。组合法是创新原理之一，也符合教学方法的创新实践。组合创新的概率与空间是无穷的。据统计，20 世纪的重大创造发明成果中，三四十年代以突破型成果为主，而组合型成果为辅；20 世纪五六十年代两者大致相当；从 20 世纪 80 年代起，组合型成果占据主导地位。这说明组合已成为创新的主要方式之一。

二、分离法

分离原理是把某一创新对象进行科学的分解和离散，使主要问题从复杂现象中暴露出来，从而理清创造者的思路，便于抓住主要矛盾。分离原理在创新过程中提倡将事物打破并分解，它鼓励人们在发明创造过程中，冲破事物原有面貌的限制，将研究对象予以分离，创造出全新的概念和全新的产品。教学方法创新的分离法，就是把过去或原有的司空见惯的方法加以分解，按照一定逻辑关系进行整理，然后突出某一部分甚至将其扩充放大，成为一种等同甚至超越原来方法作用的新方法。

三、还原法

还原实际就是要避开现行的世俗规则，即将所谓“合理”的事物设定为“非”，而将事物的原状设定为“是”，就是要善于透过现象看本质，在创新过程中能回到对象的起点，抓住问题的原点，将最主要的功能抽取出来并集中精力研究其实现的手段和方法，以取得创新的最佳成果。教学方法创新与其他任何创新一样都有其创新原点，寻根溯源找到创新原点，再从创新原点出发去寻找各种解决问题的途径，用新的思想、新的技术、新的手段重新构造方法，从本原上解决问题，这就是还原创新方法的精髓所在。

四、移植法

创新理论认为，移植法是把一个研究对象的概念、原理和方法运用于另一个研究对象并取得创新成果的创新原理。“他山之石，可以攻玉”，移植法的实质是借用已有的创新成果进行创新目标的再创造。教学方法创新活动中的移植法，可以采取同一学科领域的“纵向移植”(我国高校教育教学方法的通用手法是非理性的“下位”的基础教育教学方法“上移”，而当前基础教育教学创新中则采取了诸如研究法、实验法等更多“上位”方法“下移”)，也可以采取不同学科领域、不同地域的“横向移植”，还可以采取多学科领域、多地域教学方法的理念、思维和方法等综合引入的“综合移植”。移植能够取得新的成果，在教学方法方面，移植也符合“感受共存”中的新奇性标准：没尝试过的就是新奇的。

五、逆反法

逆向思维是一种重要的创新方法，逆反法要求人们敢于并善于打破头脑中常规思维模式的束缚，对已有的理论方法、科学技术、产品实物持怀疑态度，从相反的思维方向去分析、思索、探求新的发明创造。实际上，任何事物都有正反两个方面，这两个方面同时相互依存于一个共同体中。

人们在认识事物的过程中习惯于从显而易见的正面去考虑问题，因而阻塞了自己的思路。如果能有意识、有目的地与传统思维方法“背道而驰”，往往能得到极好的创新成果。教学方法中有一种备受推崇的“深入浅出”方法，其实，从逆反法的角度分析，高校教育教学中的很多课程内容可能并不适合“深入浅出”，而更需要“浅入深出”才能达到引人入胜的效果。

六、强化法

强化是一般创新方法之一，它是基于科学分析研判基础上的一种“包装术”，即合理策划。强化法主要对原本一般的方法通过各种强化手段进行提炼、压缩或聚焦、放大，以获得强烈的创新效果，给人以感觉冲击。分析国家级“教学名师”们的教学方法，很多都是采用强化法，把普通的教学方法“概念化”，或者按照分离法原则把一个普通方法的局部元素加以剥离、充实，开发到极致、应用到极致，并打上首创者的名号。这样获得的教学方法不仅是“新”的，也是“强”的。

七、合作法

高校教育教学活动是典型的深度合作活动。这种认识长期没有得到推广，以至于教学方法的单边主义长期盘桓，根深蒂固。创新现行的教学方法，推进高校教育教学方法创新，思路之一就是从教学活动本源入手。有学者分析“对话教学法”，是以师生平等为基础，以学生自主研究为特征的典型的合作创新方法，并由此推演出“以教师为中心”“以学生为中心”“师生关系平等”和“突出问题焦点”的四种对话教学模式。其实，不唯对话教学法是合作创新的范例，任何教学方法的创新，从创新主体而言，合作的路径是无限宽广的。因为，科学的发展使创新越来越需要发挥群体智慧才能有所建树。早期的创新多依靠个人智慧和知识来完成，但像人造卫星、宇宙飞船、空间试验室和海底实验室等，需要创造者们能够摆脱狭窄的专业知识范围的束缚，依靠群体智慧的力量、依靠科学技术的交叉渗透才能完成。

第二节　高校教育教学创新思维

一、更新教学理念

更新教育思想，确立实践教育教学理念。实践，是指将高校教育教学内容中的自然科学知识、人文知识、德育等各种理论知识教育，通过具体的系统实践来消化、固化、融合、升华。在实践中统一科学教育与人文教育，把实践育人贯穿于人才培养的全过程，培养学生的实践能力和创新精神，提升个人人文素质和科学素质，达到完全与社会实际需要相符合。高校在校园文化建设中要建立一种新的激励机制，带动学生积极展开创新创业活动，并给予大力支持，全面推进实践教育。

树立以生为本的教学理念，就是在教育教学中要体现出对学生主体地位的充分理解和尊重，对学生潜能的充分诱导和挖掘，对学生人格的充分培养和塑造，把学生的个人意愿、社会的人才需求、学校的积极引导有机结合起来，使学生在知识、能力、思想道德、身心健康等各方面得到均衡、全面的发展，从而促进学生成长成才。这一教学理念要充分贯彻体现到高校的所有教学环节之中。在教学模式上，要对原有的缺乏弹性的、学生被动接受的、没有选择余地的教学模式进行创新，实施弹性教学计划，建立学分制、主辅修制，让学生有一定的选择权和支配权，可以自由支配属于自己的时间和空间，着力于学生创新能力和实践能力的培养；在教学目的上，要“一切为了学生，为了学生的一切，为了一切学生”。在教学方法上，要大力提倡“以学生为主体、教师为主导”的互动式教学方法，鼓励使用问题式、案例式、讨论式、情境式教学法，开展“启发、互动、探究式”的课堂教学实践，采取一系列措施，使教师由传统式知识传授型教学向现代式研究性教学转变，引导学生由被动接受型学习向研究型学习转变。

在教学组织的具体实施方面，应采取灵活多样的教学组织形式，对目前过于刻板的传统教学方式进行创新，充分发挥学生的个性，对学生进行激发和引导，使学生经过探索研究学会自主学习，使教学方式以传授知识向培养学生认知能力和全面素质转变。转变以教师、课堂、书本为中心的教学局面，进行师生互动，展开专题讨论，鼓励自主探索与合作的学习方式，培养学生的探索精神与批判性思维；重视教学的创新性和学生个体间的差别指导，让学生在与教师的朝夕相处中耳濡目染，接受熏陶；以学生亲自动手实践为主，采取提供实践平台、鼓励学生积极参与科学研究实践课程创新的手段，增强教学活力，培养学生获取新知识、分析和解决问题、交流与合作的能力。

制定均衡的高校教育资源配置政策。在重点大学和普通大学之间要实现教育资源配置的均衡。在建设和发展“985 工程”和“211 工程”重点大学的同时也要兼顾一般大学，着力改善一般大学的办学条件。还要针对目前不同区域间高校教育差距越来越大的现象，制定相应的区域高校教育政策，寻求不同教育资源在区域间配置的平衡，增强区域高校教育发展的动力。科学合理地安排高校教育的学科专业布局，加强教学内容和课程体系创新。合理安排课程设置，高校的办学理念、专业与课程设置、教学模式要与社会需求相一致，培养与社会需求相符的人才。首先，在进行学科专业建设时依据“厚基础”原则，构建培养本学科专业人才的基础知识、能力和素质结构。其次，在安排学科专业布局时要依据“宽口径”原则，拓宽学生的专业知识面，把专业设置从对口性向适应性改变，实行宽口径的专业教育，优化课程整体结构，拓宽专业课程交叉培养，增加弹性教学，提高教学质量，提高学生的综合素质，促进学生科学全面发展，为社会提供高素质人才。最后，高校要抓住自身特色，合理定位，遵循差异性原则，建设优势学科，避免模式单一，合理配置教育资源，促进教育公平，促进高校教育科学发展。因材施教，树立以生为本的教学理念。因材施教，就是根据不同学生的个性特点来进行不同的教育活动，通过对差异性的辨析，制订出适合其特点的教学计划。教育公平的实质不是使每一个学生都要获得同样的教育，而是使每个学生都获得“适合”自身的教育，这就是教育公平的“适合性”原则。我们要充分认识到学生是教育活动的主体，学生是发展的独立的人，每个学生都有自己独特的个性，我们要做到在制定教学目标、教学模式、教学内容以及教学方法等教学活动方面要坚持以生为本的教学理念，尊重学生的主体地位，充分挖掘学生的潜能，使学生的个性得到充分发展，塑造学生的健全人格，促进学生的全面发展，促进教育公平的实现。

构建高校教育教学质量保证体系。高校教育教学的质量直接影响着人的全面发展，最终影响经济社会的发展，我们要依据相应的政策法规建立高校教育教学质量保证体系，规范学科专业建设，避免重复建设和教育资源浪费，构建独立的有权威性的教育教学质量评估机构，加强对高校教育教学质量的监督，完善高校教育教学评估政策，充分发挥社会的监督作用，对高校教育教学质量进行监督。

总而言之，追求高校教育教学公平是促进高校教育公平的核心所在，也是促进高校教育创新发展的不懈动力，我们必须坚持科学发展观，继续深化高校教育教学创新，优化高校教育结构，不断提高高校教育教学质量，实现人的全面发展，最终促进高校教育公平的实现。

二、办学特色

(一)办学特色的内涵

教育部在《普通高等教育本科教学工作水平评估方案》中明确了办学特色的定义以及内涵，特色是指在长期办学过程中积淀形成的，本校特有的，优于其他学校的独特创新风貌。特色应对于优化人才培养过程，提高教学质量效果显著。特色有一定的稳定性并在社会上有一定影响，得到公认。特色可体现在不同方面：如治学方略、办学观念、办学思路；科学先进的教学管理制度、运行机制；教育模式、人才特点；课程体系、教学方法以及解决教改中的重点问题等。高校办学特色就是一所大学在长期办学过程中形成的本校特有的和已经被社会认可了的在某些学科领域方面优于其他学校的独特创新风貌和具有可持续的发展方式，具有稳定性、认同性、创新性、独特性、标志性。高校办学特色的内容主要包括学科特色、科研特色、人才培养特色、校园文化特色这四个方面。

教育部在《关于进一步加强高等教育本科教学工作的若干意见》中提出,要培养数以千万计德智体美劳全面发展的高素质专门人才和一大批拔尖创新人才,突出提高人才培养质量的位置,而办学特色正是高校质量的生命线,是学校追求最优品牌的实现途径。高校应以追求特色、打造优势为目标,促进办学水平的整体提升,使高校的办学特色更加显著,从而提高高校教育质量。

(二)办学特色的形成

第一,教育教学创新,培育办学特色。一所有特色的高校必定拥有自己独特的教育思想和教育教学,这种教育思想和教育教学能够在特定时空环境指导着高校在办学发展过程中的办学思想和办学理念,并能适应时代和社会对教育和人才培养的要求,符合教育思想和教育教学的创新要求,符合教育创新发展和社会进步的一般规律,能够促进教育发展方向、人的全面发展及人才培养过程的优化。教育教学的创新必将带来教育思想的转变,先进的教育思想必将促进先进办学思想的实践,包括新的办学目标、办学模式的重新定位标准,以及如何实现这一标准所采用的方法、途径和对此办学实践效果的综合评价。

第二,构建学科特色,促进办学特色。学科特色建设是促进高校办学特色形成的关键所在。学科建设作为高校培育人才、科学研究和服务社会三大职能的具体承担者,它的建设和发展水平程度对高校的人才培养、科学研究、专业建设和师资队伍等方面的质量有着重要影响,对高校的办学特色的形成有着强有力的支撑作用,并决定着学校的服务能力和水平及办学层次的提高。学科特色是高校办学特色中的标志性特色,是构成高校教育核心竞争力的主要组成部分。学科特色,一是指特色学科,指某一特定的学科特色,二是指学科结构体系特色,指由几个特色学科共同组成的学科特色。特色学科是学科特色发展的基础,学科结构体系特色是学科特色的扩展壮大,真正的特色学科具有不可替代性,是难以被模仿和复制的。高校在学科建设上不能盲目求“大”求“全”求“新”,要求“精”

“尖”，要因校制宜地构建优势学科，发挥优势学科所附带的“品牌”效应，形成办学特色。学校要全力支持最优秀的学科，要有先有后，把优势学科变成全世界最好的，当然其他学科也就会自然而然地提升上来。所以从某种意义上来讲，一所大学的学科优势所在，也就是这所大学的办学特色所在。

第三，发扬大学精神，形成办学特色。大学之“大”，内涵应该是思想自由、学术自由；培养人完善人，不断提升人格和道德；独立于政治权力之外，追求学术真理，“大学精神”就是在大学里做学问的心理状态和文化立场。大学精神是一所大学内所有成员在长期办学实践中共同创造、传承、逐步发展起来的被大学所有成员共同认同而形成的一种精神理念，它反映了一所大学的历史文化传统以及面貌状态，是大学的精神信念和意志品质的准确表达，是大学独特气质的精神形式和文明成果的表现，也是大学所有成员的精神支柱。大学精神犹如个人的品格，是大学最为核心和高度抽象的价值追求和行为规范，决定着大学的行为方式和大学发展的方向，是大学存在和发展的基石，是大学的灵魂和本质之所在。大学精神是大学保持永久活力的源泉，是大学优良传统文化的结晶，是大学在长期教育实践中积淀下来的最具典型意义的精神象征，体现了大学所有的群体心理定式和精神状态，展现了大学的整体面貌、风格、水平、凝聚力、感召力、生命力，最终凝聚形成独有的办学特色。高校的办学理念以及办学实践应该有利于大学精神的形成和发展，并使之形成一种特色教育，经久不衰。

三、推进师资队伍建设

逐步取消高校行政级别，精简高校管理机构，压缩行政费用开支，使教师真正在高校中处于主导地位，同时进行师资队伍建设。百年大计，教育为本；教育大计，教师为本。教师重要，就在于教师的工作是塑造灵魂、塑造生命、塑造人的工作。一个人遇到好老师是人生的幸运，一个学校拥有好老师是学校的光荣，一个民族源源不断涌现出一批又一批好老师则是民族的希望。国家繁荣、民族振兴、教育发展,需要我们大力培养造就一支师德高尚、业务精湛、结构合理、充满活力的高素质专业化教师队伍,需要涌现一大批好老师。

教师作为高校培养人才、传播知识的主体,是高校教育教学中的第一生产力。一所学校的办学理念、办学方针都需要依靠教师在教学过程中呈现出来,高校要依据自身的办学特色,造就一支具有足够知识储备、教学科研能力、创新意识和人格魅力的高素质教师队伍。把重点学科、特色学科带头人的培养作为学科建设的首要内容,加大对重点学科、特色学科带头人的引进力度,加快高层次创新人才培养,突出特色训练,形成明显的学科优势,促进学科发展,进一步提升在职教师的素质,提高高校教育教学质量。

建设一支优良的师资队伍是提高教学质量的关键所在,是实现高校培养人才目标的有力保障。随着高校教育教学创新的发展,我国已经初步形成了一支总体规模较适当、学科体系较齐备、综合能力不断增强的高校师资队伍,在数量和专业层次上都有了较大幅度的增长和提升,但是在整体结构、综合素质上依然存在一些不协调和不足之处,影响着我国高校教育教学创新的可持续发展。

(一)优化高校师资队伍结构

高校师资队伍的结构内容主要包括教师的学历、职称、年龄几个方面,它可以直观地反映出教师队伍的质量、能力和学术水平的一些基本情况。这些年来,虽然我国陆续实施了“高层次创造性人才工程”“高校青年教师奖”“骨干教师资助计划”“硕士课程进修”等多项高级资质队伍建设工程,但高校教师队伍的总体结构还存在着不合理因素。虽然现在的大多数高校都普遍抬高了门槛,高校教师的大门不再对本科生敞开,必须是研究生以上学历才可以获得进入的机会,但是“近亲繁殖”的现象还是存在的,高学历人才分布不均衡现象也还是比较突出的;在高校教师的职称、年龄结构上,普遍存在着缺少中青年学术骨干教师、拔尖人才等高层次人才的问题。因此,我们要加大对骨干教师和优秀学科带头人的引进力度，强化高层次带头人队伍建设。对于高职称的学科、学术带头人、紧缺专业人才要给予一定的政策倾斜，根据学科发展的目标，有目的地吸引高层次人才，以确保高校师资队伍的职称结构比例合理，还要通过有效措施引进高学历人才，提高师资队伍的学历层次。加强本校优秀人才的培养和吸纳来自不同地区和高校的人才，引进与培养相结合，推动人才与资源的有效整合，以利于各学科专业教师整体知识结构的优化，最终促进高校师资队伍结构的协调发展。

（二）提高高校教师综合素质

高校师资队伍建设是高校教育教学创新发展的基石，它直接关系着高校教学质量的提高与否。高校教育的快速发展对高校教师的教育教学思想、知识结构、教学方法等综合素质提出了更高层次的要求，要求教师具有熟练应用现代信息技术和现代教育手段的能力、教学与科研的创新能力、理论联系实际的能力、将知识服务于社会的能力以及良好的社会交往能力。要建设这样一支学术过硬、综合素质较高的教师队伍，我国的高校教育师资队伍建设任重而道远。提高高校师资队伍的综合素质要把师德建设放在首位。师德建设是师资队伍建设的基础，不断加强师德建设，是全面贯彻党的教育方针政策的根本保证，是培养德才兼备的高素质的社会主义建设者和接班人的必然要求。在高校师资队伍建设中要遵循“以人为本”的原则，牢固树立“师德兴则教育兴、教育兴则民族兴”的爱国主义教育教学理念，要求教师不断更新观念，用现代教育思想充实自我、完善自我，推进高校师资队伍建设，建设一支为人师表、作风优良、爱岗敬业、治学严谨、教学科研能力强的与时俱进的高素质教师队伍。

提高高校师资队伍的综合素质要注重教师教学素质的培养。教学是培养人才的直接途径，也是高校的主要工作，教师是教学的实施主体，培养教师的教学科研能力是提高教师教学水平的主要途径。要改变过去的只注重学历的提高而忽视教育教学能力培养的状况，既要注重教师专业学术水平的提高，也要重视教师教学水平的提高，要求教师掌握教育教学理论、教学方法以及教学规律，增强教师提高教育教学水平的积极性和自觉性；加强教师对科研工作的重视，为教师提供进行科研创新的条件，提高高校师资队伍的科研能力、学术水平和教师职业化水平，以“特色专业——精品课程”建设和聘任重点学科带头人为龙头，加强重点学科带头人、学术带头人、学术骨干队伍建设，在部分学科领域形成独具特色的人才群体，致力于学术大师和教学大师的培养，带动师资队伍整体水平的提高。

总之，我们要把高校师资队伍看作一个整体，通过多种方式加强高校师资队伍建设，提高教师的专业理论学术水平、教育教学能力、科学研究能力以及科学文化素养，全面提升教师队伍的教育教学功能、团队协作功能、科研开发功能及社会服务功能，使教师掌握先进的教学、科研方法，并具有崇尚科学、勇于创新的开拓精神，具有为高校教育事业不懈追求的精神，为高校培养一支具有良好的职业道德、较强的教学科研能力和充满活力的高素质师资队伍，以此来促进高校教育教学质量和水平的提高，促进师资队伍建设的良性循环，促进我国高校教育教学创新，为高校教育创新的跨越式发展奠定基础。

四、创新课程体系及教学内容

（一）课程体系创新

首先要优化和调整学科专业课程结构，因材施教，分层次教学、分类别培养，同时进行主辅修、双学位、定向培养、中外合作办学等多样化的人才培养模式，在满足不同基础学生学习需求和发展需要的同时，也促进人才培养质量的提升。在课程结构上，打破传统的单一课程结构类型，即分科课程、国家（或地方）课程、必修课程统一天下的局面，重新调整课程结构，优化课程体系。综合课程、必修课程和选修课程都要各自占有一定的比例，以“本科规格＋实践技能”为特征，重视学生的个别差异，坚持四个结合，即理论与实践、人文教育与专业课程教学、课内与课外、校内与校外相结合，构建一种合理的适合学生发展的课程体系，最终培养学生具备两个方面的素质——文化素质与创新素质，提高四个方面的技能——基本技能、通用技能、专业技能、综合技能。

在高校基础课程教育上，构建综合基础教育体系，所有学科专业都进行国防教育、人文教育、自然科学基础、德育实践等基础知识培训。要构建综合实践体系，搭建公共实践平台，包括专业实验、实习、设计、毕业设计（论文）及德育实践、科技文化实践、创新实践等，还要构建学生实践能力考核体系，对学生的综合实践能力进行考核。进行“创新课程”研究，转变理论基础。创新课程所依据的理论基础由心理学扩展为社会学、经济学、文化学、政治学和生态学等更具包容性的学科领域。创新不仅包括首次创造，也包括对他人所创造出来的成果的重新认识、重新组合和设计应用。创新课程并不是以学科的方式向学生传授一整套如何创新的知识、方法和策略，也不是以学生获取学科知识为中心，而是以综合实践的方式为学生提供相对独立的、有计划地进行研究性学习、设计性学习、体验性学习、实践性学习、反思性学习和生活性学习的学习机会。让学生从自己的现实社会生活中自主选择研究课题并通过对开放性、社会性、综合性和实践性问题的探究，形成自己独特的学习方式，培养学生的创新精神、探究能力、开放性思维、社会实践能力和社会责任感。同时，创新课程也是一种创新性理念，指在一种课程开发与实施的过程中除了独立的综合实践课程之外，原有的所有课程科目在具体实践中都要设置一些必要的干扰性因素，并通过课程内容的复杂性、模糊性来增加课程的难度，以培养学生的探究能力。

（二）教学内容创新

遵循“厚基础、宽口径、强能力、重质量”的复合型人才培养原则，重新规划和设计教学内容与课程体系。改变过去只在专业学科范围内设置专业课、专业基础课、基础课的“三级”课程编排方式，构建专业必修、专业选修、学科必修、公共必修、公共选修五大课程体系，对教学内容与课程体系进行重新规划和设计，按照学科专业普遍大类平行设计学科专业类课程、新公共基础课程、文化素质教育课程和实践性教学课程等大教学课程内容体系，增加选修课，减少必修课，对公共课进行分级分类教学。

厚基础，就是使学生熟练地掌握各个学科专业的基础理论、基础知识、基本技能，并能扎实地运用到实践中去，确保学生的知识基础，强化学生基础知识体系，打造精品课程。进一步加强学生基础理论、基础知识、基本技能和基本方法的学习与实践，进行优秀主干课程建设和基地品牌课程建设，重点建设基础较好、适应面广的学科专业基础课、主干课和专业课，使之达到国家精品课程建设标准。在课程体系建设上，要不断优化课程结构，拓宽专业课程交叉培养，提高知识质量，加强大学生文化素质教育，增加弹性教学，改变传统的教学计划。在“公共必修”课程之上可以设置“学科必修”课程，按照分类搭建课程平台，注重文理交叉，在课程体系中设置跨专业课程，强化专业渗透，为学生的宽口径发展搭建学科基础平台。优化学生知识结构，让学生根据自己的专业特长、兴趣爱好和发展趋向自由选择，进一步拓宽专业口径，培养大学生综合素质。强能力，重质量就是从培养学生全面发展、提高学生综合素质出发，以分析、模拟、影视教学等基本形式展开实践教学，加强课堂内外的实践教学环节，并通过组织社会实践、社团活动、专业实习等实践活动培养学生的务实能力、操作能力。注重学生的人格塑造，充分挖掘学生潜能，注重培养学生“从一般到个别”的解决问题的能力，着重训练学生“从个别到一般”的调查分析问题的能力，帮助学生养成可行性分析的良好思维习惯，使培养出的学生具备强能力、高质量。

(三)注重实践教学

当前，我国高校教育教学投入不足、教学管理环节薄弱、教学创新还需加大力度是高校教学工作存在的主要问题。近年来由于高校的扩招，大学的规模扩大了，但大学生数量的急剧增加所带来的负面影响也正在逐步显现。旧的传统教育思想、教育观念仍占主导地位，教学模式、教学内容、教学方法与学生成才实际脱节，尤其缺乏相对应的实践教育，导致人才培养与社会经济发展需求脱节，致使培养出的学生由于缺乏实践能力而不能满足创新型国家建设和经济全球化发展的要求，失去了大学服务于社会这一功能的重要意义。针对我国高校教育教学创新中出现的这种状况，教育部、财政部联合发出了《关于实施高等教育本科教学质量与教学创新工程的意见》，决定实施教育教学质量工程，中央财政将投入大量资金支持“质量工程”建设。同时，教育部也发出了《关于进一步深化本科教学创新全面提高教学质量的若干意见》，指出要重点落实实践环节，拓宽大学生校外实习、实践渠道，与社会、行业以及企事业单位共同建设实习、实践教学基地，力求提高大学生的实践能力；对学生进行实践教育，并多方面采取各种有效措施，确保学生专业实践和毕业实习的时间和质量，把教育教学与社会实践紧密结合起来。

开展实践教学，要求学校通过开拓各种有效途径为学生搭建实践平台，建立一批相对稳固的课内外学生实习和实践基地，并积极组织学生进行社会实践、调研、实习等活动；逐步培养大学生的敬业精神，培养他们艰苦奋斗的精神和坚韧不拔的意志，有计划、有目的地推动大学生自觉自愿地加强职业道德素养；逐步培养大学生的实践创新能力，积极支持大学生创新创业活动，致力于大学生创新素质的发掘和培养。创新素质主要包括创新意识、创新精神、创新能力等三个层面的内容。在一个创新型国家的建设进程中，这种全新的创新素质正逐渐成为大学生在就业市场竞争中的核心竞争力。

五、重视大学生文化素质教育

大学生文化素质教育是大学高质量人才培养的重要组成部分，是我国高校教育教学创新的一个重要方面，要将文化素质教育贯穿于大学教育的全过程，进而实现教育的整体优化，最终达到教书育人的目的。大学生的基本素质包括文化素质（含思想道德素质）、专业素质和身体心理素质，其中文化素质是基础。文化是人们所创造出来的物质和精神的成果，是人的活动的对象化、物化，是人观念存在的形式，是超越个人的实物形态或观念形态。一种文化一旦被创造出来，就不再受时间、空间、个人的限制，就会被广泛地传播和使用。文化素质，就是人们所拥有的所有文化知识在内在的积淀。文化素质对于人们的世界观、人生观、价值观的形成具有决定作用，并最终成为行为的指导规范。同样，人们已有的世界观、人生观、价值观也会反作用于文化素质。加强大学生素质教育，主要是指文化素质教育及创新精神、实践能力的培养。文化素质教育重点指人文素质教育，主要是通过对大学生加强文学、历史、哲学、艺术等人文社会科学、自然科学方面的教育，以提高全体大学生的文化品位、审美情趣、人文素养和科学素质。

（一）提高大学生文化素质教育的目的和意义

我国要发展，经济是中心；经济要振兴，科技是关键；科技要进步，教育是基础。由此可见，教育在我国发展中的作用和地位，是重中之重。在发展过程中，需要主体——人，是有知识、有文化、有创造力的人，进行社会发展和变革，因此，发展最根本地又被归结为人的发展。高校教育，主要是培育有知识、有文化、创新型人才，高校教育能够产生新的科学知识、新的生产力。高校教育所培养的不同专业、不同层次的各种文化素质人才在社会生活各领域的作用，将直接、间接地影响全社会的可持续发展，可持续发展的教育观念即应从全社会可持续发展的角度来审视教育的创新与发展。在高校教育中，我国已从办学体制、投资体制、管理体制、教育教学、招生就业、考试制度等方面进行了多层次的创新，已经逐步走上了一条可持续发展的新道路。当然这条道路并不平坦，在进行创新的过程中会有诸多的问题凸显出来，其中，提高大学生文化素质教育，显得尤为重要。

（二）观念变化对大学生文化素质的影响

我们生活的时代正处于急剧变革的社会转型时期，人们的生存方式和形态也随之发生了历史性的变化，这一变化深刻而广泛地改变了社会背景和机制，从而使道德的权威性与制约作用受到了很大的影响，甚至呈现出一定程度的弱化。目前，受社会上一些阴暗现象的影响，各种媒介的导向作用，使我国大学生的价值观、文化观都发生了巨大的变化。价值观是人们对人和事的评价标准、评价原则和评价方法的观点的体系。它具体表现为信念、信仰、理想和追求等形态。一定的价值观反映着在一定生产关系条件下人们的利益需求，决定着人们的思想取向和行为选择。在经济日益全球化的今天，经济的迅速发展，物质的极大丰富，也影响着大学校园。大学生作为最敏感的社会群体之一，其价值观也随之不断变化，几经波折，最终步入了功利主义的价值取向，出现以自我为中心，急功近利，重应试轻应用，重感性轻理性等行为现象；以享乐为荣，以劳动为耻，缺乏正义感等价值观。当前经济发展、文化思潮、教育创新与媒体导向等是影响大学生价值观变化的主要因素。

文化观是一个人对待文化的态度。我们要树立正确的文化观，不狂妄自大，不妄自菲薄。正确对待外来文化，不一概排斥，但也绝不崇洋媚外。我们生活在一个急剧变革的时代。经济的迅速发展在短期内大大刺激了人们的物质需要，而在物质需要达到一定的满足时，精神需求方面的问题就会显现出来。面对这个由经济的躁动带来的五彩缤纷的世界，西方文化的盛行，传统文化的优势在减弱，大学生的文化观也在发生着巨大的变化。对传统文化的取舍是一个非常尖锐的现实问题。中华民族有着历史非常悠久的传统文化，有着不同于西方文化的独特理念。其中最能体现中华民族优秀传统文化之一的就是它的道德观念。我国传统文化具有非常浓厚的道德色彩，我国古代思想家的思想与理论中充满了道德观点。传统思想文化的突出特点和优点之一就是它的道德精神，而部分当代大学生恰恰就是缺乏对这种传统道德精神文化的理解、继承和发扬，而是把它作为一种过时的腐朽的文化思想，把它和所有的传统文化一并遗弃，抛弃了我们中华民族的传统美德。但是，历史是不能忘却的，社会主义精神文明建设和社会主义的发展离不开我国优秀的文化传统。所谓“有中国特色”，它的主要含义之一就是我国的文化传统。深入研究我国传统文化，发扬其精华，对繁荣社会主义新文化，提高我国人民的自尊心、自信心，增强国家凝聚力和提供民族精神支柱等是一项不可缺少的基础工程。我国传统文化是历史的产物，有精华也有糟粕，我们对待传统文化应采取历史的、分析的态度，不应全盘否定。

第三节　高校教育教学创新策略

一、改革和完善高校教育管理

(一)引入先进的管理思想

只有在先进管理理念的指导下,教育管理才能发展起来。在信息化时代,高校教育管理者除了要具备教育管理能力,还应具备先进的管理思想。

1. 主动适应的思想

主动适应的思想是指教育管理工作应主动适应社会发展的需要,随时随地捕捉信息社会对人才的需求,及时调整教育管理思路,顺应时代的潮流。主动适应性思想将成为高校教育管理的指导思想,教育管理的主动适应性思想是强调适度分权,针对内部要素和外部环境的变化采用灵活的态度。

2. 人本观念

学校管理的核心在于教学管理。人本观念首先体现在管理过程中将法人主体地位放在首要位置,促使教师和学生在工作和学习的过程中充分参与到管理实践当中,让他们在参与的同时,获得身心综合发展的能力、知识等。教师和学生的创新充分挖掘了潜能。因为学生是学习的主体,教师是教学的主体,他们拥有积极创造的内在潜能,对于提高教育管理质量来说,意义重大。所以,在具体的管理环节一定要注意激发师生的创造力,充分调动他们的主观能动性,在所有的管理活动当中要实现全方位的注意和把控,以便有效地提升教育质量。

3. 全面质量管理理念

全面质量管理是一个组织,把质量当作核心,将全员共同参与作为根基,目的在于让顾客满意并且组织中全部成员得到社会受益而获得持续成功的路径。高校教育管理实践当中的全面质量管理包括:①全过程质量管理。想把教育目标放在核心，科学有序地实施教育教学活动，就要加强对教育教学环节质量的全方位把控，尤其是要管理好接口，保证不同环节的有效衔接，有效确定不同环节要达到的质量标准；②全方位质量管理。想要进行综合性的管理，就要考虑影响或涉及教学质量的环节和因素；③全员质量管理。学校的各个部门、每一位成员（包括全体教师和学生）都应该主动积极地参与质量管理，努力提高自己的工作质量，以培养高素质的专门人才。

（二）利用信息化手段改革教学计划的管理方式

要深化教学改革，第一步要做的是改革教学计划。只有好的教学计划才能保证好的教学质量。制定好教学计划，是建立教学体系、安排教学任务、组织教学过程的基础。教学计划一般是在国家相应教育部门的指导下，考虑全局效益，由教育学家或相关人员独立制定的。教学计划符合教学规律，一段时间内稳定不变，但长远来看，也要不断进行调整和修正，适应社会的新发展以及经济和科学技术的进步。

教育管理者还要改变传统的教学观念，及时修改和调整教学计划。原因有以下几点：一是从社会对人才的要求来看，当今科学技术和社会经济人才发展的要求比较相似，要综合社会对人才的要求来制定教学规划；二是就人才的成长而言，高校也只是学习的一个阶段，是终身学习的一个组成，并不是学习的终点所在。因此，在高校时期，不但要注意加强专业知识的学习与积累，更主要的是掌握学习方法，还要学会生存，学会共同生活，学会做事，也要注意提升创新能力与创造力；三是从整个世界来看，中国已经加入 WTO，经济全球化的趋势发展迅猛，中国的人才要走向世界，在整个世界上进行竞争，中国教育也要注意对国际化人才的培养。

信息化时代要求我们紧跟时代潮流，准确地预测社会对人才要求的改变，培养符合国家要求的人才。要达到这一目标，我们应该加强对信息技术手段的合理化应用，科学设计教育规划，并对其实时监控和及时反馈，制定对教学方案的评价标准，使高校毕业生尽量满足社会的要求。

（三）大数据环境下高校教学计划的制定

1. 教学计划应该满足以下几点要求：①客观性。要尽量按社会主义市场经济的要求，设计多种人才培养模式，也要尽可能多地考虑到未来环境的变化，设计多种智能结构。②灵活性。学生要找到适合自己发展潜力的模式，学校要尽可能提供不同种类的多种模式。具体方法可以参考以下建议：学分制方面，可以采用完全学分制。在信息技术大范围推广应用的进程中，远程高等教育得到了长足发展，任何科目、任何内容，学生都可以借助网络进行学习，不限于时间和空间。安排教学时，需要充分合理地应用好信息技术，让学生拥有一个充分选择的空间，也要针对不同学生的不同特点设计符合其个性的教学过程。应该将学生培养成这样的人才：整体素质高，基础扎实，专业能力也不差，注重知识的全面发展，能借助网络拓宽眼界，丰富知识面，拥有终身学习与可持续发展的能力。但必须承认，对高校学生的各种类型的要求不可能有一个统一的标准，我们要鼓励自由发展。

2. 制定教学计划的一般程序。对人才培养目标和业务类示范专业分析；了解有关文件精神和规定的注册研究；提出的意见和学校的部门教学计划的要求；主持制订教学纲领，系（院）教学委员会进行审议，由学校教学工作委员会复审核查，核查签字后由执行校长签字确认。

3. 高校教学计划的内容主要包括以下几个方面：确立合理的专业培养目标，设置合适的课程。因为专业培养目标的质量标准、课程的设置与人才的发展息息相关。在专业设置和专业培训目标的确立上，主要应用了调查的方法。调查的基本步骤包括：①凭借履历或理论分析提出若干备用的选项；②发放调查问卷，让被调查者在备用的选项中选择自己的意见或建议；③对调查结果进行统计分析，按照被选择次数的多少对各个选项进行由多到少排队；④制定一定的规则，看看哪个选项占的比重较大。在整个过程中，要充分利用信息技术，借助网络收集信息，收集完后可以借助计算机对调查信息进行统计分析，得出结果。同时，还应注意以下几个方面：一是要进行可靠的预测，对毕业生的就业情况有一定把握，毕业生只有满足社会的要求，高校才能有较高的就业率；二是引入更多的优秀教师，完备实验仪器和必要的书籍，生活设施也应该尽量完善；三是要有尽可能宽的口径，形成宽口径专业教育模式，目前的情况是教学信息越来越不难获取，学习知识也变得更加容易，但是要进行知识的重组和创新变得比较困难，所以我们要重点训练学生的综合素质；四是要有学校自身的特点，学科建设要结合学校的地域优势和传统优势学科；五是考虑到专业的冷热门问题，并及时调整，满足需求。

信息时代下高校要实施教育教学管理首先应相对稳定和严格地执行教学计划，为此可以制定以下两条准则：一是，将教学计划分为学期教学计划和年度教学计划，制订工作表，安排好每个学期的教学任务、教学教室等；二是由相关部门制定教学组织计划，如社会实践计划、实习计划、实验教学计划、培训计划等。要有适当的政策和环境以及保证教学基础设施，还要有教育管理和教师、学生相配合，这分别是教学计划顺利实施的内外部条件。在这个过程中要把握五个方面：一是要切实维护教学计划的严肃性和权威性，严格遵守教学计划，但可以适当调整；二是在具体的实施过程中，严格选择计划材料，遵照教学大纲的要求；三是加强教师群体的力量，确保教学第一线与教学计划一致；四是制订教学质量评价方案并严格监测执行，可以借助信息技术建立自动的监测和反馈系统；五是教学组织与管理要严格按照教学计划进行。

(四)改革学生的培养方式与管理模式

信息时代要求人才具有更高的素质，改革人才的教育方式和管理模式是必要的。大数据环境下改革学生的培养方式主要体现在以下三个方面：一是在教学中促进“参与式”教学法。该教学法主要以提问式教学活动、开放性内容为特征，问题无标准答案，作业、论文也很少甚至没有，能带给学生自由思考的充足时间和空间。利用网络技术和计算机技术收集相关信息来解答问题，通过对问题的解答完成知识学习与内化。在这样一个学习实践活动当中，学生不但掌握了借助网络解答各种问题的能力，而且学会了与“问题”有关的知识。同时，因材施教，针对学生自身的特点确立恰当的培育目标，设置严谨的学习规划，尽可能让每一个人都能得到很好的发展。二是努力培养学生的社会实践能力，加强实践教学。三是鼓励学生跨学科学习，培养全面型人才。当今社会，随着信息技术的发展，新的学科不断涌现，这些学科大部分是由学科交叉形成的。建立交叉学科培养机制，培养学生跨学科背景。在基础学科和谐的高校中，打破不同专业教育壁垒，要创建跨学科教学的培养机制，可以借鉴国外成功的跨学科教学的经验。具体实现过程如下：以培养计划为基础，为学生选定必修课程，这些课程是跨学科的，包括文学、理学、工学等多个领域，以便对学生的综合分析力进行有效锻炼，培育学生创新思维与创造力；要提供多种专业、多类课程、多个教师供学生选择，这样学生就能根据个人兴趣制订自己的培养目标，进行自主学习；高校应完善相关课程，抓住交叉学科的新增长点，组织多学科的力量开展教学，配备必要的教师形成跨学科的教学模式，激发创新意识，促使学生应用到探究新领域中，全面发展自己。

在学生培养模式改革的基础上，对学生的管理方式也发生了很大变化。目前，大多数高校实行学分制，这是在计划经济时代就形成的管理模式，灵活性不够，刚性太强，约束力也太多。在当今大数据环境下，对学生的管理，更提倡注重学生个性化的模式。教师管理系统要以学生为主导，教师为辅助，建立学生服务中心。具体操作有：一是建立心理咨询、急救救援、工作研究、学习指导机制，建立相应的社区管理部门；二是以学生宿舍为基础，取消班级，由学生与老师形成一个整体；三是由研究生或高年级优秀学生协助管理，为学生提供指导。这种管理模式可以实现学生的自我教育、管理、服务，能够让学生的综合素质得到有效发展和锻炼。

二、建设高素质的教育管理队伍

不同的原因影响着教育管理的质量，包括人力、财力、物力、信息等。教育管理者是上述因素中首要的，因为人是主体更是管理的第一位因素，制定教学有关规划和纲要以及安排学习内容、课程安排、教材预订等，还有学生的考试、毕业设计、实践等，各个阶段都不能没有教育管理者的参与。基于大数据时代的情况，教育管理质量日益受到多方面影响。想实现管理的效能，高素质的教育管理队伍是至关重要的。

（一）大数据环境下对教育管理人员的素质要求

知识密集、高新技术、人才聚集、思维活跃、信息渠道十分畅通，这些都是高校的特点。随着信息技术的快速发展，所有的教育管理人员的素养也有待提高。各教育管理人员应该做到以下几点：

1. 树立强烈的服务意识

管理的本质就是服务。教育管理人员不能把自己作为掌握权力的管理者，而应该作为一个服务者服务学生，服务教师，服务教学，进而服务于崇高的教育事业。

2. 掌握教育理论和专业知识

身为教育管理者，教育的科学及其规律是基础，一些专业的知识必须掌握，如教育学、教育心理学、管理学和高校教育学等，如此才能让科学教育和教育管理得以实现。高校的管理人员要具备充足的理论知识，同时要掌握高等教育改革的理论。再者，必须具备相关专业知识。教育管理工作是对学校现在的一切资源实现有效而科学的管理，所以必须学习相关专业知识，包括现代计算机方面有关管理的方法和档案的知识等，这样才能应对教育管理工作操作的复杂性。

3. 掌握现代信息技术，具有良好的信息素养

随着现代信息技术的飞快发展，高校必须掌握不断更新的技术，这样才能使管理效率不断提高。教育管理人员不仅要拥有极好的信息素养，还要会顺利使用现代的信息技术。

4. 具备较强的管理能力

首先，组织决策能力要比较强。当今社会，教育体制改革在不断加强，只有教育管理者具有较强的组织决策能力，才能制定教学计划，制定切实可行的政策措施，对整个教学过程进行加工，并结合学校自身的优势做出科学合理的决策。其次，教育科研能力要强。查找资料，深入研究，准确把握国内外各大高校特别是精英院校的教学情况以及世界教育改革

的趋势;要处于教育管理、教学第一线或参与课堂教学,经常了解教学情况,对高校教学进行调查和研究,掌握整个学校的发展趋势,做好教育管理,同时,“教育管理是一门科学”,实施教育管理和教学研究是教育管理的共同任务。为了正确地管理,提高教育管理的质量和效率,研究者和教师有必要研究教育管理的特点和规律。最后,要勇于创新,敢于开放,培养良好的集体合作能力。教育管理应该与时俱进,而不是一成不变。对于教育管理者来说,在工作中勇于创新,推动教育管理的进步是很重要的,革新也一直是一个核心的内容要求。

(二)进一步提高教育管理团队的全面素质

教育管理不仅是一般的行政管理,而且具有学术管理和行政管理的双重功能。没有一个强有力的教育管理队伍,就不可能有一流的教学水平和教学质量。在信息时代,只有提高教育管理队伍的素质,才能促进高校的进步。

1.教育管理质量的培养

由于教育管理团队是由个人组成的,所以建立一支高素质的管理团队,全面提升教育管理者综合素质是重中之重。培训教学质量管理人员要做好以下几项工作:一是岗前培训。可以邀请有资质的教师和专门的人员进行培训。之后,还应当深化知识的掌握,如心理学及管理科学教育等,还可以提高管理人员的信息素质,特别是计算机和网络的技术,使之可以有效地使用校园网与互联网办公和学习。二是面向在职人员,坚持在职学习的原则。采取灵活的培训模式,理论联系实践,通过网络学习和教育管理提高教学质量管理人员的综合素质。三是要有意识地提高他们学习的意识和能力,教育管理工作者能掌握一线教学的情况,促进教师教学实际情形的发展,不断学习。

2.必须提升高校教育管理团队的素质,让整体进一步发展

这关系到教育管理人员的个人素质,而且关系到教育管理队伍的整体状况。如果结构合理,彼此促进,会让人们有更多的集体荣誉感,同时利于凝聚力与向心力的加强,便于人们积极主动地去创造和发展,使得教

育管理队伍整体作用更好。可见，教育管理团队的结构与组合是提高教育管理团队素质和整体效果的关键。优化教育管理团队结构必须做到以下几点：一是优化教育管理队伍的年龄结构。让不同年龄的人发挥各自的优势，并进行经验的互补，形成良好的整体效果。二是优化体系中教育、学科和职称的结构，就教育管理而言，各学科是相辅相成的，对于相应的职称和学历方面要求是不同的，他们的职称和学历要满足梯次结构的要求，决策、管理和具体的事务性工作分工不同，这样各司其职，形成互补。另一个重要的问题是教育管理团队的人格的互补，恰当组合不同个性特点的人利于形成良性合作。

3.积极性很关键，因此要建立竞争和激励的制度来引导管理干部，从而提高积极性

责任、制度和奖惩是岗位责任制的三个主要环节。在管理中，责任制是管理制度的核心，不同岗位相应要承担的责任也不同，因此对不同员工有不同要求，要组成一个合适的团体就要对不同的人进行不同岗位和要求的选择。另外，需要严格地对员工进行考核，从而对员工的技能和态度有所把握和了解。定期考核，及时鼓励，奖励合理，全面推广。对于工作态度差、能力低的，最终不再聘用。如此，方能利于竞争并得到进步。通过考核能找到每一位员工独特的个性和特长，便于大家使自己的特长得以较好地发挥。同时，要有详细的制度和标准，如薪酬制度、绩效评分制度等。以上制度要落实到各个管理人员，使其在一定压力下力求上进。同时，在奖惩时也要特别注重几点：一是物质和精神两方面的奖励都不能忽视。二是奖励时要区分不同的级别，然后分别进行奖励。不同的管理层次激励是根据能力和层级区分的。通常而言，不同位置对应不同的管理能力与不同的奖励标准。三是应用多元化与动态的奖惩。为了使奖励制度具有激励相关人员的力量，在管理人员的各个成长阶段都要用不同的手段给予激励。

实行相应的政策将对教育管理人员积极性的提升起很大作用，如评定职称等问题优惠政策的倾斜必然会提高人们的积极性。

三、与大数据紧密结合

(一)完善教育管理制度

教育管理系统是根据国家教育法律、法规等,由上级领导部门决策并制定条例与规则,作为教育的一个重要手段,维护正常的教学秩序是一个国家的教育政策和制度的组成部分。

高校的教育管理制度主要有四部分:关于教育材料的管理,如教学的计划、课程安排和总结等;关于学校学业进程的管理,如考试、教课进度、资料档案管理和课程的调换等;教师和教育管理人员的责任和奖惩制度;还有就是关于学生的管理系统。

为了提高教学质量,不仅要有教育管理制度,还应立足于各校实际,再设立新的制度:第一,应对教学工作多开会讨论,会议制度要详细确立,按期举办研讨会并进行会议的指导,使教学可以制度化;第二,要对管理加以制度化和规范化;第三,应合理安排考试,重视管理考试程序并制度化;第四,建立和完善毕业生就业质量评价体系,不仅要分析评价结业论文,还要有后续的了解,对毕业生多加关注;第五,应找专门人员对教学管理进行合理监督;第六,研究革新教学工程体系;第七,职业教育的评价也要标准化;第八,教学成果情况的结果传送,如英语四六级和全国计算机考试的合格情况、职称结构和教师资格等。

(二)校园网推动教育管理的作用要发挥好

环境是基础,教育管理的基础就是校园网络平台的建设。如今的教学离不开信息平台,一要特别注重校园网络的作用,尤其多考虑整体的发展,合理进行计划。二是统筹设计,充分考虑并实行网络的开拓、软件开发和校园网建设。在施工中必须非常理性,周密合理地做好网络接口,分阶段建设,使效益最大化。三是软硬件要结合起来共同建设,由于设计软件耗时长,在进行网络改进时耗费时间会更多。教育管理的信息系统是由多方面组成的,可以独自设计,也能买来现有的加以使用,尤为关注的是软件的适用性。四是专门应用,三点技术,七大管理,如此才能达到较好的效果。学校应该安排认真负责、技术过硬的老师担当校园网管理的重任，有效助推网络的多方面应用。五为加强深造培训，校园网影响全校教育管理人员、教师和学生的校园网络生活。学校应重视对教师实施优化管理以及专业化的教育培训，合理制定有效规划，使学生和管理人员能够充分应用校园网满足各自差异化的需求，产生对校园网的认同感，而不是对其出现抵触心理。六为加强使用，最终的目的是创造效益，只有加强对校园网的应用程度，加强对校园网的完善力度才能够真正发挥和增强其价值。

（三）教学要有足够的投入

如果没有丰富的物质资源作为根本支持，就无法保证价值的发挥，正所谓“巧妇难为无米之炊”。学校经费是教学运行的基础，好的高校一定是有充足资源的。现在，我国高校教育管理存在着严重问题：首先，在教学中经费不足。我国高校经费一般由政府进行投入。然而，由于投资有限，高校资金很稀缺。其次，缺乏领导力。由于种种原因，校领导对教学条件和教师不够深入了解，造成了教学品质降低，教师与教育管理人才投入不足。最后，一些学生不够勤奋，不能在学业上投入充沛的精力。事实上，高校对人才的培养，不仅要求硬件资源还要求软实力的投入，只有两方面兼具，才能实现高效率的管理。如今，有一些途径可以用来改进教学：第一，不单单依靠政府投入，建立各种投资系统，从不同主体入手，寻找不同方法；第二，合理划分经费投入，以教学为重点，避免费用的不合理分配；第三，待遇从优，使得教师没有后顾之忧，专心致力于教学，改变教师短缺的现象；第四，加强学生管理，增强学生学习的动力和压力。

第五章　高校教育教学改革下的发展

第一节　高校教学改革与文化融合的思考

一、高校教学改革的文化思考

大众文化这个词在现今的中国已不再陌生,它以各种形式出现在我们的日常生活中,对人们的世界观、人生观和价值观的建构有着超乎想象的影响,尤其是对当代高校学生的影响更为深刻,因而这也就成为现代高校教育中不可回避的一个隐性话题。

大众文化课程的开设在高校中产生了广泛的影响。但是在现今这个文化大繁荣的背景下,如何更好地推进高校大众文化课程的改革,让大众文化更好地发挥作用是我们的一个重要课题。

(一)课程建设的保障

1.教师团队的建设

要有良好的社会,必先有良好的个人;要有良好的个人,就要先有良好的教育。那么要有良好的教育,就要先有一支素质过硬的教师队伍,所以培养一支梯队结构合理的优秀教师队伍是大众文化课程教学质量得以保证的根本。从学校层面出发考虑将一些文化底蕴深厚、有着丰富教学经验的老师通过师生推荐或聘用等方式吸收进大众文化的教师队伍中,并且可以突破学校的限制聘请其他高校的教师或社会上的资深专家学者。在年龄结构上既要考虑到知名学者、老教授的学识及影响力,也要注意中青年教师的培养。在知识结构上应以文化学教师为骨干,兼顾其他人文社会学科的优秀教师。同时要形成对大众文化课教师的综合素质培养的机制与制度，通知短期进修、定期培训等形式不断提高教师的整体素养。

2. 课程地位的确立

在现行的教学体系中，许多高校将大众文化课看成了“课间餐”，是一种可有可无、可删减的课程。大众文化课程在一些高校中往往被作为一种专业课程的补充辅助课程并没有真正确立其通识课的地位。这种现象的根源是对于大众文化课程本质认识上的缺失。现在要谋求大众文化在高校教育的合理地位，第一要做的就是转变固有观念，树立正确的大众文化通识教育理念，认清当代文化大发展大繁荣的趋势，端正对大众文化通识教育的认识，在培养方案的设计与教学计划的制定上给予充分的重视。第二要确立大众文化课程的课程独立性和时代前沿性，用与时俱进的发展眼光来看待这个学科，使其真正成为提升学生文化综合素质的金钥匙。

3. 相关投入的保障

各种认识上的不到位，直接的后果就是各种保障的滞后与停止。但是“兵马未动，粮草先行”，充足的教学经费与相关投入是教育教学的先决条件。许多高校大众文化课程既没有专业课、基础课特有的固定经费支持，也没有学校相应政策、文件、条例、条款的保护与关注。这种失衡的状态就是当今大众文化课程面临的窘迫情境。这一问题是高校分配执行中的认识问题，可以借鉴其他高校的相关经验提高专项经费及相关投入的划拨比例，也可以以选修学生人数为标准制定相应的资助规定或者以教学效果的评估来决定经费投入数量。这些制度的出台可以推动课程的改革进度，在一定程度上还可能调动教师教学的主动性，增强学科设立的实效性。

（二）课程教学方式的改革

课程的教学方式是整个教学环节的根本。大众文化课作为一个以文化为教学中心的通识课，在课程的讲授中就应该以当前社会文化与日常生活转型的需要为依托，结合学生热衷的大众文化现象为学生营造出一个“快乐参与，个性思考”的学习氛围。在课堂教学过程中不宜再采用教师"一言堂"的授课方式。在课程设计及教学环节设计中可以采用一些比较灵活的模式。这样,既能调动和发挥学生学习的自主性,又能降低教师的教学负担,提高教学质量,改善教学效果。

对分课堂在讲授和内化吸收之外突出了课堂讨论的过程。实施中最为关键的一点是把讲授和交互式学习在时间上分隔开来(相隔一周),让学生在这两个过程之间有充分的时间按自己的节奏进行个性化的内化吸收。这样,对分课堂把教学刻画为时间上清晰分离的三个过程,分别为讲授、内化吸收和讨论。在这种教学模式中教师可以充分利用讲授时间完成理论部分的讲授,承担课堂的主导作用。

在讲授的方法上,我们也可以不再单一的使用"黑板+粉笔"的传统教学方式,采用一些现代化的手段。比如可以将 Prezi 等软件引入课堂,这样不仅可以为课程教学和实践提供以"学习者为主体"的开放的、多元的混合方式,也为将来大众文化课程走入微课时代提供了前导式的技术支持。

(三)课程考核方式的改革

建立一整套切实可行的科学的课程考核评价体系是大众文化课程改革的必要手段之一。大众文化作为一门通识课其教育目的是要教会学生在当今这个图像文化时代中如何去面对现实的生存环境,如何看待当下人们对于传统文化和传统美的漠视、排斥和对通俗文化、时尚文化青睐的流行趋势。这样的教育目的决定了这门课程不太适用现在这种标准化试卷考评方式,而是应该运用先进的发展性考评方式对学生进行考核。

为了更好地完成大众文化课程对于应用型人才培养的需要,考查应从单一的理论考查走向实践性运用,从重视基础知识考试转向注重综合能力素质的考评。一是在平时成绩的考核中注重学生在课堂对所学问题的关注度和在小组讨论中的积极性。二是期末考试中可以采用项目调查的方式来考查学生对于某一种身边熟悉的大众文化因素的情况调查,在调查期间可以更好地发挥学生的创新意识,学生可以更多地从他们的年龄角度,从他们的知识视野出发来解决问题,最后形成一份调查报告。这样的考核方式充分调动了学生学习的主动性，也体现了学生在整个教学环节中的主体地位。

大众文化作为当今最活跃的一种文化现象亟待得到更多人尤其是青年一代的科学认识，而大众文化课程正是梳理、关乎大众文化最佳的途径和渠道。我们应该认真对待大众文化课程改革这一课题，充分利用好大众文化积极的作用，最大限度地降低大众文化消极因素的影响，使其成为对青年一代文化宣传的坚实阵地，更好地为文化社会的建设服务。

二、传统文化对高校教学改革的重要意义

中华传统文化是一个取之不尽、用之不竭的宝库，继承和弘扬优秀的传统文化，培养具有良好人文素质的各类高级专门人才是高校义不容辞的责任。为实现好这一光荣的使命，传统文化教学改革还任重道远。

（一）传统文化的教育观

1.身心合一的教学内容

教学内容是以教学目标为基础，在传统文化中古人的教育目标就是培养高尚人格，注重人际和谐，所以古人十分注重思维创新，认为只有身体与心灵朝一处努力，才能够做到身心合一，这也是学习的最高境界。所以在高校教学中教师一定要注重培养学生的动手能力和动脑能力，运用“以精养智”的心理训练方法来提高当代高校学生的涵养，只有这样才能够更好地培养高素质的人才。

2.解惑为主的教学方法

“传道、授业、解惑”中的“解惑”主要讲的是教学方法，教师在教学中担任着重要的角色，而解惑是教师日常工作中的主要任务，是指帮助学生解答疑惑，对有疑问的学生进行引导和教育。而在如今的高校教学中，教师仍然需要将“解惑”作为主要的教学方法，只有这样才能为培养高素质高校学生奠定坚实基础。不能总是牵着学生的“鼻子”走，而应让学生主动向教师提问，这样会提高课堂互动性，让学生对所学内容有一个全面的认识和了解。

(二)中华优秀传统文化之于高校教学的价值所在

1.高校教学理念与中华优秀传统文化的精神内核相契合

传统的“知行”理念是中国传统哲学体系中具有重要影响的命题。“知”与“行”的内在关系在中国哲学发展史上经历了长期的争论,充分体现出中国传统教育对实践的重视。因此传统的“知行”观也与“体验式”教学理念对主体参与、主客相融的强调以及通过实践形成、强化个体体验的方式相契合。

2.中华优秀传统文化是与高校教学理念、培育目标的必然选择

对于每个民族而言,培育文化认同,提升本民族文化的竞争力,在多极文明中占据一席之地的时代意义都是不言而喻的,我们正是在这样的时代背景下强调传承与发扬中华优秀传统文化,建设文化强国、培养文化自信的重要性和必要性。再从高校学生个体发展的角度来看,全球化时代、开放环境以及社会转型过程中成长起来的当代高校学生,其世界观、人生观、价值观的养成面对诸多因素的影响,自我认同危机面临前所未有的挑战,迫切需要高校教育立足民族传统,把中华优秀传统文化的精髓融入高校学生人格的发展过程,培养他们自强自立、自我探索、仁爱诚信等美好品格,增强他们的民族自尊和文化自信,通过文化认同形成更具凝聚力的民族认同,在此基础上帮助他们更好地完成自我认同。

因此,高校中华优秀传统文化培育的终极目标是使中华优秀传统文化成为当代高校学生人格发展的重要资源。同时,通过高校学生对中华优秀传统文化的内化,更好地实现文化的传承与发扬。为实现这一目标,传统文化的培育不仅指文化被个体所认知、了解、接受,而且要通过个体的内化,不断使传统涵养改造个体,进而通过个体的主观加工、个体与其所处时代的互动,增强传统文化的时代性。

综上所述,借助“体验式”教学理念,打造系统化的高校中华优秀传统文化培育模式,是有效地提升高校学生对中华优秀传统文化自主学习和探究的能力,培养其传承中华优秀传统文化责任感与使命感的有效路径。

3. 文化是国家和民族的灵魂，集中体现了国家和民族的品格

文化的力量深深熔铸在民族的生命力、创造力和凝聚力之中，是团结人民、推动发展的精神支撑。五千年悠久灿烂的中华文化，为人类文明进步做出了巨大贡献，是中华民族生生不息、国脉传承的精神纽带，是中华民族面临严峻挑战以及各种复杂环境屹立不倒、历经劫难而百折不挠的力量源泉。在开创中华民族美好未来的历史进程中，文化既为经济社会全面协调发展提供强大的精神动力，也是经济社会发展的重要内容。高校是文化的最集中代表，而传统文化是整个文化体系的源头和基础，教学研究与改革是优秀传统文化继承与发扬的最主要手段和方式。只有通过教学研究与改革，才能把古典文化与现代文化结合起来，才能使现代文化充满生机与活力，让古典文化的智慧之光照进现代人的生活，使他们优雅而幸福地走向未来。

对高校学生的传统文化教学是人文素质教育的主体，是人文主义思想传播、发展和实现的主渠道。传统文化是一个国家和民族在长期的历史发展进程中创建和传承的物质与精神成果。历史发展特有的延续性和不可割裂性，要求我们对优秀的传统文化必须持继承的态度。优秀的传统文化作为特定民族世代相传的部分，联结着一个民族的过去、现在和未来，显示出一个民族在其发展过程中的同一性。

第二节　高校教学的未来发展

一、高校教学思想的整合与引领

当今社会科学技术发展迅猛，一切都在改变，我们的教育观念也在改变。因此，高校教学时间的有限性和科学知识增长的无限性之间就产生了不可避免的矛盾。放眼当今世界经济、科技、文化呈现剧烈变革的新态势，我国高校教学正面临着前所未有的考验和挑战。教育思想、教育观念正确与否，直接关系到高校教学改革实践的方向与成败。所以说，我们在

深刻反思传统教育思想观念的同时，更要努力探索教育发展的增长点以及改革的突破口，加速树立现代教育观念，全面推动我国教育的改革发展。

（一）开创高校教育新思想

“教育要面向现代化，面向世界，面向未来。”这一教育方针为我国高校教学明确了方向。高校教学既要从国情出发，为社会主义现代化服务，又要面向世界，赶超世界先进水平，更要面向未来，谋求长远发展规划。在办学体制上，克服关门办学的封闭式教育，解放思想，以开放的心态办教育；转变功利主义教育观为可持续发展的教育观；转变专业教育为素质教育；促进知识教育与创造教育相结合。

（二）树立高校现代教育新观念

培养具有创新意识和创新能力的高素质科技人才对国家发展至关重要。高校教学思想创新的核心理论是：一切从学生的需要和发展出发。具体来说就是树立现代教育新观念。

（三）高校教学思想观念转变

不同时期有不同的教育观念和教育思想。现代教育已由封闭式教育转型为开放式教育、继承式教育转型为创新教育、职前教育转型为终身教育、整齐划一的教育转型为个性化教育。强调多元、崇尚差异、重视平等、推崇创造的教育思想已成为现代教育之主导。高校教师必须与时俱进，解放思想，树立现代的教学理念，否则就会被社会淘汰。教师进行创新教育的前提就是要更新教育思想观念。

1. 以人为本，发展学生个性

以人为本，发展学生个性，就是要求教师要转变以发展智力为中心的教育思想，树立智力和非智力协调发展的教育观念。实行这个转变的实质，就是以学生为本，把教育教学从以培养和发展学生的注意力、记忆力、观察力、思维力等智力因素为中心，转移到在发展智力因素的同时，注重培养和发展学生的动机、兴趣、情感、意志和性格等非智力因素，并使它们相互促进，和谐统一，协调发展。实际上就是要求学校教育应以学生为中心，应培养学生自我生存能力、促进学生个性的全面发展，并把这作为当代教育的基本宗旨。学习不再是学生的专利，教育也不再是教师的特权。“教育的本质是服务”，适应学生的教育是最好的教育。学生的个性差异是客观存在的，个性差异是创造性发展的依据，没有个性难以培养创造性。因此，教育要以学生为主体，着眼于学生的全面发展，重视个性发展，强调个性教育。实现这种人性化的教育服务，就要改变过去那种整齐划一的教育模式，从学生差异入手，尊重个性，因材施教。

2. 树立创新教育观念

要求教师转变单纯以继承为中心的教育思想，树立着重培养创新精神的教育观念。继承是创新的基础，但继承并不能自然而然地导致创新。所谓创新教育，并不是一种具体的教育模式，而是一种适应国家和社会发展要求的教育思想或者说教育理念。教师的职责现在已经越来越少地传递知识，而越来越多地激励思考。

3. 树立终身教育观念

终身学习是21世纪的生存概念。随着知识经济的到来，知识更新周期不断缩短，新知识层出不穷，信息量成倍增加，学习的概念和范围扩大了。终身学习在纵向上贯穿于人的一生，在横向上又要求每个人在不同的时期通过学习与实践接受知识经济的挑战，热爱学习、学会学习、终身学习，了解学科发展最新动态，不断更新知识，更新教材内容，掌握新技能，才能有所发现、有所创造，才能使学生站得高，望得远，有所突破、有所创新。许多知识还没有等到学生学会，可能就已过时了，因此高校教学在大量和有效地传授越来越多、不断发展并与认识发展水平相适应的知识的同时，应侧重使学生学会学习的方法，使学生获得可持续的学习和发展的能力，使学生有能力在自己的一生中抓住和利用各种机会，去更新、深化和进一步充实最初获得的知识，使自己适应不断变革的世界。

“授人以鱼，一餐之需；授人以渔，终身受益”。一个好教师，在使学生获得知识的同时，更要掌握自我教育的方法和技巧。教与学是一种互动的关系，教师在教学中既施控也受控，学生在学习中既受控也施控。这种互动既有积极的一面,也有消极的一面。教与学之间的健康关系应表现为教师的主导作用与学生积极性、独立性、创造性的发挥达到统一。这是一种富有时代精神的、面向未来的教育观和教学观,现代教师只有树立正确的终身教育观念,才能与时代和教育的发展保持同步。

4. 树立现代化教学观念

当现代信息技术进入教学过程中,学生借助计算机多媒体等进行学习,获取知识的途径不断增加,这就使教学有了新的变化和突破。它改变了传统的以教师为中心的课堂讲授式格局,代之以教师对学生的引导启发,为学生自主学习创造了充分的条件。具有现代化教学观念的教师应从传统意义上的知识传授者转变为学习的组织者和协调者,对学生的学习活动进行指导、计划、组织和协调安排,注重培养学生自我学习及获取信息和知识的能力。

5. 大兴科研之风

面对知识经济,高校教师一方面要完成传道授业的任务,另一方面要结合社会实践,研究经济社会运行中遇到的问题并解决,完成"解惑"的任务。教师要带着一丝不苟的钻研精神大兴科研之风,搞科研、求创新、谋发展。既为社会建设服务又为学生的知识创新服务。

二、高校教学目标的落实与统一

(一)教育目的概况

1. 教育目的概念

所谓教育目的,就是人们在观念上、思想上对教育对象的质量规格总的设想或规定。每个人生下来都面临着一个发展可能性的空间,作为培养的对象,包括家长、教师在内的其他人总要为他选择某种发展的可能性,按照某种期望和要求去塑造他、培养他,使他朝着这个方向发展,这就是广泛意义上的教育目的。一般说来,一个国家的教育目的由三个层次构成:一是国家总的教育目的,它客观上反映社会和整个社会成员对教育对象质量规格的要求。二是各级各类教育的培养目标,旨在对不同层次、不同类型的教育机构进行调节和控制。三是教育过程中的具体发展目标，它由一系列从低到高的指标体系构成，具体指导学校教育工作。

2.教育目的的作用

(1)制约教育对象的发展

人们制定一定的教育目的，就是要制约教育对象发展的方向和进程，使他们按照预期的结果发生变化，改变人的自然的盲目的发展过程，防止其他不符合教育目的的各种因素的影响，从而把受教育者培养成为一定社会合格的成员。

(2)指导整个教育过程

教育目的对一切教育工作者和整个教育过程都具有重要的指导作用。它制约着教育制度的建立和教育内容、教育方法的选择，它是教育工作的重要依据。同时，又是评价和检验教育工作结果的标准。从这个意义上说，教育目的既是教育工作的出发点，又是教育工作最终的归宿。

(3)激励教育主体

教育目的不仅指引教育发展的方向，而且应该推动教育活动。教育目的本身也是一种理想，它能激励教育主体(主要包括教师和学生)在教育活动中产生一种为理想而努力与拼搏的坚强意志和情感。这种意志和情感是他们在教育活动中必不可少的一种强大的精神动力。意志和情感可以使人们的主观能动性得到充分的发挥和实现，可以激发人们克服困难、解决难题的智慧和机智。没有基于对教育目的的追求，就不可能真正自觉地、主动地进行积极的教育实践活动。

3.制定教育目的的依据

(1)客观尺度——社会需求

社会是人类生活的环境，生存的空间，是人类每个成员成长的摇篮，发展的温床。社会在向人们提供必不可少的生存和发展条件的同时，也要求人们按照相应的社会规范来调节自己的行为方式，因而，也要求教育按照一定的社会需求来培养和塑造正在成长中的新人。于是，教育目的具有社会制约性。社会构成包含许多因素，对制定教育目的影响是很复杂的。我们运用历史唯物主义观点来分析，教育目的主要受一定社会的社会生产力水平、科学文化发展水平和政治经济制度所制约。

人是生产力中最重要的因素。生产力发展对于人所提出的要求必然制约着教育目的的制定。生产力发展水平要求培养人的知识、智能、体力等素质水平与之相适应。于是，社会要求广大的社会成员具有一定程度的文化科学知识，掌握一定的生产原理和技能，以适应社会化大生产的发展，这种社会需求就明显地反映到教育的目的中来。

一定社会的教育目的受一定社会的政治经济制度所制约，因此教育要培养具有这个社会所需要的思想意识和世界观的人，为维护发展这个社会的政治经济制度服务的人。

(2)内在准则——个体需要

尽管社会需要是制定教育目的的客观尺度，但并不是唯一的尺度。教育目的的制定，还应该同时依据个体需要这个内在准则。

教育目的直接指向的对象是受教育者，其中，主要是正处于发展阶段的青少年一代。只有社会的要求和希望转化为个体的内在需要，并且与受教育者的生理机制、心理机能相吻合，引起身心发展的飞跃与质变之后才能显示出社会需要更富有积极性、能动性、创造性。因此，人们在制定教育目的时就不能不考虑教育者的心理发展和生理发展的规律与过程。教育目的所勾勒的受教育者所要形成的素质结构，是社会规定性在受教育者个体身上的体现，是社会需要和个体需要的有机结合。

(3)根本依据——社会与个体的现实需要和未来需要的统一

教育是一个演进的过程，而且，它是渐进发展的。它扎根于过去而又指向未来。教育目的既具有继承性、现实性特点，又具有开拓性、未来性的特征。教育目的是以往历史的继承和当下实践的起点，它要把生活现实同已确立和理想的价值联系起来，共同构成一幅建立在现实性基础上的系统的理想蓝图，作为教育的希望和追求。这种继承性、现实性与开拓性、未来性的统一，构建了教育目的的总体框架。

社会与个体的现实需要是制定教育目的的出发点，社会与个体的现实需要具体体现为对当今社会的物质生活需要和精神生活需要做出及时准确的判断反映。这种现实的反映连同过去的历史条件共同构成了制定教育目的的出发点。

社会与个体的未来需要是制定教育的期望所在。教育的根本宗旨就是培养开创未来、建设未来、适应未来的人才。因此，教育目的的制定，必须考虑未来社会变化引起人才要求的变化，要适应不断变化着的未来。

社会与个体的现实需要同未来需要的关系是辩证统一、高度融合的互补关系。它们构成了我们制定教育目的的根本依据。

（二）高校教学的目的

高校教学目的与一般教育目的一样，对教育对象的培养具有调控和指导作用；在教育目的的制定方面，高校教学目的的制定同样也受制于社会经济的发展，受制于青年学生的身心发展规律，两者相比而言，受社会、经济发展的制约程度要高些。

1. 高校教学目的的价值取向

从世界和我国的高校教学发展史来看，高校教学的目的经历了自由教育目的，自由教育目的与职业教育目的融合，自由教育目的与职业教育目的分裂，普通教育目的、人文教育和专业教育目的结合这样几个阶段。

（1）自由教育目的

所谓“自由教育”是指以自由发展人的理性为目的教育。“自由教育”能培养一种伴随人一生的理智的习惯，从而使人具有自由、公平、平静、温和、智慧的特征。对于人们自由价值究竟有什么价值的质疑，纽曼提出，自由教育不是为了某一特定的或偶然的目的，不是为了某种特定的职业或专业，也不是为了研究或科学，而是为了智力而训练智力，是使智力能够感知其合适的对象，是为了最高级的文化。

（2）职业教育目的

所谓职业教育目的，即指培养专业人才，养成学生的职业特长、专长的教育目的。自由教育的不足在于过分强调知识的作用，强调人的理性发展，没有或较少顾及社会的发展需要，使高校与社会成为两个不相干的部分。与此相反，职业教育则过于强调人的职业特长、专长，强调人的社会适应能力，把人仅仅摆在“工具”的地位，忽略了人的情感、理性的发展和需要。随着人们对高校功能的认识的不断加深，高校教学自由教育目的和职业教育目的也得到了不断的修正和完善，由此而出现了普通教育目的和强调人文教育与专业教育融合的教育目的。

(3)专业教育与人文教育并重的教育目的

严格意义上说，普通教育并非像自由教育、职业教育那样作为一个完整意义的高校教学过程而存在，而只是设置在高校教育初期(通常在高校一二年级)的一个知识基础性、广博性和准备性的教育阶段，其目的主要是为专业教育打基础。因此，普通教育与专业教育常常是独立进行的。为了把普通教育的内容和精神融入专业教育的全过程，由此产生了一种新的高校教学目的观，即专业教育与人文教育并重的目的观，或者说科学教育与人文教育并重的教育目的观。人文教育教人做人，科学教育(专业教育)教人做事。做人与做事同时并举，这是人文教育与专业教育并重的教育目的观的精华，也是我们所处的知识经济时代对高校教学培养人才的内在规定性使然。我国的许多有识之士都在大力倡导这样一种高校教学目的观。

2.我国高校教学的目的

我国高校教学的目的是为社会主义事业的建设和发展培养具有创新精神和实践能力的德智体美劳全面发展的高级专门人才。我国高校教学目的价值取向是人文教育与科学教育并重。

(1)培养高级专门人才

高校教学是培养高级专门人才的教育领域或教育机构，这是由高校教学的本质属性决定的。社会职业的分化与组合，由科学的发展所导致的学科的分化和综合，都突出了一个专业化的特点。人的能力在心理学的视野里是无限的，但在现实的社会里，人的成长和发展总是确定在某一方向或某一个领域内，能够适应多种行业、职业需要的人毕竟非常有限。因此，高校教学作为培养高级人才的核心领域，走专业化之路是不可避免的。即使在知识经济时代，这种专业性仍然存在，不同的只是专业没有那样“专”了，专业的包容性更大了而已。

(2)培养为社会主义服务，为人民服务的高级专门人才

我国作为社会主义国家，教育为社会主义国家服务，为广大人民服务也就理所当然。高校教学在培养专门人才的同时，必须加强人才的政治素质培养，使他们具有坚定、正确的政治方向，这是非常重要的。

(3)培养具有创新精神和实践能力的高级专门人才

21世纪所面临的和必须应对的是知识经济、经济全球化、高校教学国际化。这些都对我们的高校教学培养人才提出了很高的要求。其中最为核心的是创新精神和实践能力，而这两者正是我国应试教育条件下进入高校的学子所存在的主要不足之处。我国高校在这两方面对学生培养的难度相对而言也更大一些。因此，高校在培养具有创新精神和实践能力的高级专门人才的过程中，在方法和途径上应走“教育与生产劳动和社会实践相结合”的道路，这既是教育方针的要求，更是社会、时代的要求。

三、高校教学内容的选择与开发

(一)教学内容

教学内容是学校教育过程的基本因素之一，是教学过程中教师的教与学生的学的双边活动的中介，学校的教学内容是以教学计划、教学大纲、教材或讲义、活动安排等具体形式表现出来的知识、技能、价值观念及行为。

(二)教学内容选择和组织的原则

教学内容应精心选择，合理组织。教学内容取决于教育目标。高校的教育目标之一是培养专门高级人才，其教学内容和课程体系是实现培养目标及提高人才培养质量的核心，这就决定了高校的教学内容具有明

显的特点：一是教学内容的专业性强，除了一般的公共课程之外，高校的教学内容是相应学科的专业知识；二是教学内容的系统性强，高校的教学内容是相应学科专业的系统性知识；三是教学内容的理论性强，高校的教学内容包括相应学科专业的基本理论、原理和方法；四是教学内容的应用性强，高校的教学内容来源包括相应学科的科学研究和专业实践，并能指导学科研究和专业实践；五是教学内容的变化性大，高校的教学内容随着学科、专业的发展和国民经济的发展而发展，反映相应学科、专业的最新成果。因此，教学内容的选择和组织应遵循以下原则。

1. 完整构建原则

教学内容是以学科为基础的、各学科是一个个完整的体系，教学内容应保证基本原理、原则和知识在逻辑上的内在完整性。有的教学内容只讲静态的、分散的具体知识，缺乏动态的、发展的、整体的科学思维方法和科学发展趋势等有利于培养学生创新精神的内容，这也是违背完整原则的。

2. 个性发展原则

教学内容的选择必须考虑学生在心理、生理、智能、学习目的与动机等方面的差异。只有如此，才能解决压抑学生个性发展，难以使优秀人才脱颖而出的问题。

3. 知识拓展原则

开设一些本专业以外的课程及有关基本素质、基本能力、基本知识教育的课程，可为学生提供充分发展自己的空间和条件，有利于培养多规格、多层次、有特色的复合型人才，充分满足社会对各方面人才的需要，使学生和社会之间有更多的选择机会和更大的选择余地。

4. 调动师生积极性的原则

教师和学生是学校的主体，是教育教学工作的主要承担者。只有充分发挥广大教师和学生的作用，充分调动广大师生的积极性，才有利于提高教育教学质量。

四、高校教学方法的运用与创新

(一)高校教学方法及其特点

1.高校教学方法内涵

高校的教学方法是指在高校教学过程中,教师对高校学生施加影响、把科学知识传授给学生并培养能力、发展智力,形成一定道德品质和素养的方式和途径。

教学方法在高校教学中是多种多样的:①用语言直接向受教育者传授知识技能,如讲授法、问答法(或称谈话法、答辩法)、讨论法等;②使受教育者通过直观感知获得认识或技能,如实验法、演示法、参观法等;③指导受教育者自己获取知识和技能,如读书指导法、练习法、自学法等。高校的教学方法从所依据的基本原理原则而言与普通学校教学方法相比并无特别之处,但高校实施的是专门教育,传授的是高深的知识,因而在方法使用上,就表现出一定的特殊性。从当代世界高校教学方法改革趋势来看,共同的因素是在指导思想上推行启发式,在方法的功能上由传授知识到教会学习,在方法的结构上由大班讲授为主到指导学生独立地学习与研究为主。

2.高校教学方法特点

高校教学方法的特殊性主要体现在:

第一,由注重"教法"转向注重"学法"。高校学生身心发展已经趋向成熟,高校在向学生传授必要的基础知识的同时,应以教会学生学习的方法为主。换言之,高校教学方法主要在于内而非其外,核心是以培养学生的自学能力为主,"教"是为了"不教"。

第二,具有很强的探索性。因为高校教学是专门人才的教育,且传授的是高深知识,往往是社会发展和科学文化知识发展的最前沿的知识,所以教师在教学方法上常选择那些具有探索性的教学方法,这也是培养高校学生探究精神和科研能力的需要。这种具有很强探索性的教学方法包括归纳法、推理法、演绎法等逻辑抽象法。

第三，具有很强的专业针对性。由于高校教学的一个基本特点就是它的专业性，因此，高校学生不仅应掌握未来从事专业所需要的专门的科学文化知识和能力，而且要学会追踪科学技术发展的最前沿。这就决定不同的专业应选择与之相适应的教学方法，要求这些教学方法具有很强的专业针对性。

概言之，高校教学方法与普通学校教学方法的特殊性表现在："明确的专业指向性和与科学文化发展过程和研究方法的接近性。"

（二）高校教学方法的运用原则

教学有法，但无定法。高校教学方法并无好坏之分，可以说世界上并没有绝对"最佳的"教学方法，任何一种教学方法总有一定的局限性。因而，高校教师在教学过程中要根据特定的教学需要和可能的条件综合地选用有效的教学方法，以期取得最好的教学效果。高校教学方法的选用原则有：有利于系统传授专业知识的原则；有利于启发学生、培养学生的创新能力的原则；有利于寓教育于教学，根据学科特点，选用现代教育手段的原则；理论联系实际的原则；量力性原则以及可接受性原则；等等。而教学中，教师在方法的使用上并不只是选用一种方法，而是方法上的综合运用。教学方法的综合运用要注意以下原则。

1. 教法与学法的统一

教学方法按其本来的意义，就是既指教的法子，也指学的法子。而在教学实践中，教与学往往分离甚至相悖，才有教学矛盾之说，就是教法与学法的不协调。在教学方法的选择上，强调教与学的优化组合，使教与学双方在方法上相互适应、相互促进，在心理上相互协调、相互激励，才能很好地解决教学矛盾。

2. 讲习知识方法与训练智能方法的统一

我们把教学方法分为讲习知识的方法与训练智能的方法两大类型。当然这种划分是依据方法的主要特点和功能而言的，具有相对性。在教学实际中，就必须有意识地克服方法的单一功能的局限，将讲习知识的方法与训练智能的方法统一起来，加以综合运用。

3.常规教学方法与现代化教学手段的统一

依据所凭借的媒介，可以将教学方法划分为常规教学方法与现代化教学手段两大类型。传统的常规教学方法所凭借的大多是一本书、一张嘴、一支粉笔和一块黑板。现代化教学手段是指以电、光、形、声结合而成的记录、储藏、传输和调节教育信息的数字手段，常用的有幻灯、录音、唱片、电影、电话、电脑、语言实验室等。无论是传统的常规教学方法还是现代化教学手段，都有各自的优缺点，不能互相替代。这就意味着，教学中既要继续用好传统教学方法，充分发挥它的魅力，又要积极采用现代化教学手段，跟上时代前进的步伐，更要积极地寻求二者运用上的有效结合点，极大地展示二者综合运用的整体效能。

（三）高校教学的具体方法

随着科学技术的发展，教学方法的改革实验蓬勃兴起，教学方法有了较大革新与变化，特别是生理学、心理学的新成就以及现代化教学手段的运用，为方法的革新提供了重要条件。

1.发现教学法

发现教学法也称为假设教学法或探究教学法。这种方法主张学生在教师指导下，像科学家发现真理一样，通过自己的探索，“发现事物的起因和事物的内部联系，从中找出规律，形成自己的概念”。在这个过程中，让学生体验发现知识的兴奋感和完成任务的胜利感，加强学习的内部动机。

发现教学法常用的步骤是：①确定和说明对学生有兴趣的问题；②把这些问题分成若干有联系的提问；③提出可能的答案；④搜集和组织有关的资料；⑤钻研和讨论这些资料，概括出结论；⑥证实结论。

发现教学法要求学生必须积极主动地去学习，教师教学目的是教会学生学习方法，对培养学生发现问题、研究问题和用所学到的知识去解决其他类型问题的能力具有重要作用。高校以培养智能型人才为主的趋势,为发现教学法的运用开辟了广阔的天地。

2.问题教学法

问题教学法就是教师在课堂上形成一种问题情境,启发学生自己去探索、寻找答案,从而激发学生的学习积极性。因此,问题教学法就是通过建立一种问题情境来克服过去传统课堂教学中那种单向传授式的教学。

问题教学法的具体步骤:①提出问题、创造问题情境;②在教师有目的的影响下学生进行独立活动;③提出新问题。

问题教学法改变了传统教学中单向传授的局面,把教师的讲授与高校学生的积极思维活动结合了起来,从而增加了教师和学生的联系,增加了教师准备问题与管理的分工,增加了学生的独立活动以及在课堂上学生向教师提出问题的数量,加强了教学中的启发性、探索性和研究性,但运用这种教学法费时较多,难以使学生系统地掌握全面知识和训练其必要的技能、技巧,因此要与其他教学形式结合起来使用。

3.研讨式教学法

研讨式教学实际上也是一种教学形式,可作为课堂讲授的扩充。

研讨式教学法的步骤大体可分为两大阶段。

第一阶段:探索研究阶段,也就是准备阶段。这一阶段的教学活动主要有:①确定研讨的课题;②查阅资料;③从已确定的课题或问题出发进行研究、调查、实验、论证等活动;④根据上述活动的结果,撰写研究报告、论文的发言提纲或评论性文章。这一阶段不短于两个星期。

第二阶段:报告讨论阶段,也就是研究式教学法的实施阶段。一般采取以下几个步骤:①设立研讨式教学的筹备小组;②向全班学生宣布专题报告和分组讨论的程序和时间安排;③进行小组专题报告和讨论;④各小组代表向研讨班全体成员作报告发言;⑤教师或召集人进行总结。这个阶段时间一般只要一节课,也可几节课或数天。

在研讨式教学中,教师的作用主要表现在:作为一名研讨活动的组织者去促进研讨活动，其职责在于确保研讨活动的每一步骤和环节都在民主的气氛中进行。为此，教师要拟定周密的教学计划，指导学生撰写论文提要、研讨报告和评论文章，并做好研讨式教学的组织、总结和评价工作。可见，运用研讨式教学法需要教师有一定的教学与学术水平。

研讨式教学是一种民主的教学方法，它不仅能使学生增长知识、开阔视野、激发兴趣，又有助于培养学生智能和加强对学生进行科研训练。除此之外，还有助于师生共同探索、发现和研究，进而密切师生关系，教学相长。但是，研讨式教学法不像课堂讲授那样利于传授系统、完整的知识，而且它要求学生人数较少。

4.掌握学习法

掌握学习法的具体实施步骤为：①教师确定课程内容，把课程分成若干小单元；②学生按照顺序学习单元，学完后进行单元测验，表明是否已掌握了某一单元，如果测验不及格，还需要重新学习这一单元，一直到及格才能进入下一单元；③学生按照自己的进度顺序学完课程内容。

在这种教学方法中，教师的作用在于通过书面材料向学生传达教学信息，促成师生之间的交流。虽然也要使用讲授，但它不占主要地位，因为讲授不是为了提供知识，而是为了激发学生的学习动机。

5.学导式教学法

学导式教学法，就是学生在教师指导下进行自学的一种教学方法。这是我国教学改革中出现的一种新的教学方法。它的指导思想在于改变长期以来高校教学中以讲授为主的教学方法，把教学的重心从“教”转到“学”上来。在具体的教学实践中，它强调以学生自学为主并得到教师必要的指导，在学生主动掌握知识的过程中注重智能的开发，从而把教学从以传授知识为主转移到发展智能方面来。

学导式教学法的基本结构是自学、解疑、精讲、演练。它一般采取以下四个步骤进行：①教师组织有利于学生自学的教材；②学生间相互提问、解疑；③教师针对性地精讲；④学生进行演练。演练是学导式教学综合开发智能的主要环节。

6. 个性化教学法

个性化教学法是一种让学生根据自己的具体情况而自定学习进度的教学方法。运用个性化教学法，有如下步骤：第一，教师在课程开始前认真分析一下整个知识体系内容，并把整个内容分成一个个为期一周的小单元，确立每一个单元的教学目的；第二，制订即时反馈方案，即制定出每个单元的选择性考试形式和评分标准，以便学生在结束这一单元学习时进行考试；第三，安排教学活动场所，一般来说，该方法很少在课堂上对全班学生使用讲演形式，而往往在那些有利于导师与学生自己讨论问题、进行考试的私下场所，此外，实验室、小组讨论等也是主要的教学场合；第四，学生选择一名同伴担任课程的伙伴导师，该导师与学生保持最紧密的个人联系；第五，当一名学生在单元课程学习中通过自学课本和辅助教材等活动相信自己已经掌握了学习内容时，评定其成绩，并与学生一起认真检查、校正所有错误。需要的话还可以提供附加的教学和学习建议。学生必须获得高分，才能进行下一单元学习；若是低分，便重新学习这一单元，还得重新考试。

(四)高校教学手段的发展

随着科学技术的飞速发展，高校的教学手段也日益先进，现代化的教学手段给高校教学带来了生机与活力。特别是数字音像技术、卫星广播电视技术、多媒体计算机技术和人工智能技术、交互网络通信技术和虚拟现实仿真技术等现代信息技术应用到教育领域中，使教学媒介具有新的特点，表现为“教学信息显示的多媒体化，教学信息处理的数字化，教学信息贮存的光盘化，教学信息传输的网络化和教学过程的智能化”。

现代信息技术应用到教学领域，使教学的观念、内容、手段和管理都发生了深刻的变化。各高校都在采取措施大力发展教育技术，发展新的教学手段，深化教学改革，加速教学手段现代化进程。

1. 建立了现代化的数字化校园

数字化校园是通过利用计算机技术、网络通信技术对高校教学、科研和生活服务等所有信息资源进行全面的数字化，并进行科学规范的整合和集成，构成统一的用户管理、资源管理和权限控制，在“传统校园”的基础上，利用先进的信息化手段和工具，将现实校园的各项资源信息化，形成一个数字的虚拟空间。目前国内数字化校园在教学方面主要有基于多媒体计算机的交互式多媒体教室，基于教学为中心的演示型多媒体教室，基于学科特点的专用学科教学科研媒介和基于开放性实验室的教学媒介等。在某些重视现代教育技术的高校校园内，任何地方都可以有线或无线上网，计算机网络系统已成为学校教育、科研、管理、服务、学习、生活的不可或缺的组成部分。

2. 开发了适应新教学手段的教材体系

除纸质书本形态的文字教材外，适应新教学手段的教材体系还开发了非书籍形态的音像教材和计算机辅助教学软件，多媒体教学软件、课件，以电子出版物的形式出现的新型教材等。这些教材以多媒体(包括文字、图形、图像、动画、影像和声音)方式显示教学信息，提供最新的教学和学习手段，充分发挥了教师和学生双方的主体作用。

3. 构建了先进的教育网络资源系统

将各校的教育信息资源通过计算机校园网络系统和地区性、全国性的教育信息资源联网，建立有特色的电子图书馆，使教学获取资源的手段更加丰富。

这种先进的教育网络资源系统使多媒体教学成了教学手段的主要发展趋势:①演示型多媒体组合课堂教学。这主要是在多媒体教室中，利用视频平台、投影电视、多媒体计算机、录像机的有机组合将现代媒体与传统的教学媒体组合在一起进行课堂教学。②多媒体计算机和网络教学。利用多媒体计算机网络教室，教师利用服务器中的多媒体资源(或调用其他网络的多媒体资源)向学生进行集中演示教学。③交互型多媒体计算机个别化教学。利用多媒体网络，学生自己调用多媒体资源，通过人机交互作用进行学习。多媒体教学信息量大、直观，能引发学生的学习兴趣，发挥了学生的主体作用，既提高了教学效率，也减轻了学生负担。尤其是电子教学课件、录像等教学片的引入，把教学中的难点、重点通过深入浅出的图像与动画等展现在学生面前，使学生对知识要点掌握得比较深刻，提高了教学质量。

参考文献

[1]孙连京.高校教学管理理论与实践[M].南昌:江西高校出版社,2019.
[2]阮艳花,张春艳,于朝阳.教育管理理念与思维创新[M].汕头:汕头大学出版社,2019.
[3]高连宏.高校创新创业教育理论与实践[M].北京:现代出版社,2019.
[4]李刁.互联网+时代高校德育实践创新研究[M].武汉:华中师范大学出版社,2019.
[5]胡凌霞.高校教育管理理念与思维创新[M].长春:吉林大学出版社,2020.
[6]宋丽萍.新媒体环境下高校学生教育管理工作创新研究[M].长春:吉林大学出版社,2020.
[7]陈民.高校教育管理创新与实践[M].长春:东北师范大学出版社,2020.
[8]解方文.高校教育创新及其管理体系的建设[M].北京:经济管理出版社,2020.
[9]李喆.地方高校创新创业教育研究[M].济南:山东人民出版社,2020.
[10]宫磊.高校图书馆管理与服务创新研究[M].长春:吉林大学出版社,2020.
[11]冉启兰.教育管理理念与思维创新[M].长春:吉林出版集团股份有限公司,2020.
[12]叶云霞.高校人力资源管理与服务研究[M].长春:吉林大学出版社,2020.
[13]王书贵.高校立德树人的理论探索与实践创新[M].银川:宁夏人民出版社,2020.

[14]商应丽.建构高校艺术教育管理的生成之维[M].长春:吉林大学出版社,2020.
[15]索金龙,申昉.高校财务管理技术创新研究[M].北京:北京工业大学出版社,2020.
[16]王利平.网络环境下高校思想政治教育方法研究[M].武汉:武汉大学出版社,2020.
[17]刘思延.高校教育教学管理实践与创新发展[M].哈尔滨:哈尔滨出版社,2021.
[18]赵莉莉.新形势下高校人才管理及素质教育创新研究[M].延吉:延边大学出版社,2021.
[19]周芸.高校教育教学管理模式创新研究[M].北京:中国财政经济出版社,2021.
[20]洪剑锋,屈先蓉,杨芳.互联网时代下高校教育管理与评价创新[M].延吉:延边大学出版社,2021.
[21]关洪海.高校教育管理与创新实践研析[M].北京:冶金工业出版社,2019.
[22]郭晓雯.高校教育教学管理创新发展研究[M].北京:北京工业大学出版社,2019.
[23]林榕.大数据背景下高校教育管理信息化发展与创新研究[M].长春:吉林大学出版社,2019.
[24]沈金荣.高校创新教育与创业管理[M].长春:吉林大学出版社,2019.
[25]郝岩.我国高校教育创新管理的多元化研究[M].北京:新华出版社,2019.
[26]陈景桥.地方性应用型本科高校教育管理机制优化与体系创新研究[M].北京:中国国际广播出版社,2019.
[27]丁兵.当代高校教育管理研究[M].西安:西北工业大学出版社,2019.

[28]陈攀峰. 新时代高校继续教育创新研究[M]. 长春:吉林人民出版社,2019.
[29]王爱文. 高校创新创业教育发展动力机制研究[M]. 广州:中山大学出版社,2019.
[30]叶瑞洪,陈国荣,陈秀兵. 地方本科院校创意创新创业教育体系构建与实践[M]. 北京:国家行政学院出版社,2019.